"Yes"

新・受け入れの法則

THE LAW OF SURRENDER

山川紘矢
山川亜希子
あーす・じぷしー
naho&maho

PHP

本当の愛はどこに？
探さなくても、あなたの中にあります。

新しい時代は
〝YES〟から始めよう。

気づいていますか？

この地球にいる75億人、

すべての人の〝YES〟は同じだということを。

YESのメッセージ

国籍、言語、環境、文化、思想、宗教、
ライフスタイル……
私たちは、一人ひとりまったく違って見えるけれど、幸せに生きたいという願い。
平和でありたいという願い。
私たち、75億人の願い〝YES〟は同じ。
そして、ここに生きていることも。

生きる目的が同じなら、
実はとても簡単なはず。

いくら待っても平和が来なかったのは——
幸せになるのが遠かったのは——
目的がバラバラだったからじゃない。
世界がわかり合えない人たちの
集まりだからじゃない。

ただ、始めなかっただけ。
ＹＥＳに歩くことを
自分のＹＥＳを口に出すことを。

ＹＥＳから始めよう。
私の、あなたのＹＥＳを言おう。

私のＹＥＳは平和につながっている。
あなたのＹＥＳは希望につながっている。
私たちはみんな、ＹＥＳでつながっている。

ＹＥＳを言おう。
ＹＥＳを始めよう。
世界は、
私たちは、
平和になることができる。

あーす・じぷしー
naho・maho

はじめに

愛の勝利を願う仲間たちへ。

この本は、愛や希望で溢《あふ》れた平和を熱望する、あなたのために生まれました。愛が勝利する、新しい時代が始まることを伝えるために！

一人ひとりのつま先が、愛と希望の方向へ向いたとき、みんなが待ちわびた、愛に溢れた平和と呼ばれる世界は、5年で現実になります。

２０１９年は、世界が愛へ向かう兆《きざ》しとなる出来事が起こります。

今一番必要なのは、あなたの意志です。

マザー・テレサも、マハトマ・ガンジーも、いつも世界を変える行動は、平和を願う一人の意志から始まりました。

愛の勝利にＹＥＳを。世界は平和になることができる。

２０１９年４月

山川紘矢

はじめに

この本を手に取っていただき、ありがとうございます。新しい時代、令和になって、この本が出されることにワクワクしています。

令和は若者の時代です。若者のリーダーであるあーす・じぷしーの二人と一緒に本を出せることを、光栄に感じています。

新しい時代は私達一人ひとりが、神から与えられたギフトを存分に生かして美しい花を咲かせる時代です。毎日をワクワクしながら、自分の魂の導きに従って、本当に自分のやりたいことを選択しましょう。

あーす・じぷしーの二人は、世界を平和にして行くのは自分たちだ、そのためには、愛しかないと知っている新しい世代の若者です。

僕たちシニアの二人も、世界に愛と平和を広げるためにこれまで30年間、努力してきました。

そして、今、若者たちが中心になって、愛と平和の世界を創るために活躍し始めています。

これまでの体験を通じて、一番大切なことは「本当の自分を知ること」だと、僕は気づきました。自分を知るとは、自分の無限のパワーを発見することでもあります。

それはまた、世界を平和にするためには、若い二人が言っているように、自分のハートに〝Ｙｅｓ〟をだすことなのです。

自分の魂が今の時代を選んで生まれて来たことを思い出すことです。世界は私たちの意志で変えて行けます。

人はみんな魂のレベルではつながっています。

みんながハートと魂のレベルから生きる世界にするために大切なことは、楽しんで生きること、喜んで生きること、わくわく感で生きること、そして、神からもらったそれぞれのギフトをみんなで分かち合い、互いに助け合って生きることです。

世界を変えるのは若いあなたなのです。

生まれる前にして来た魂の約束に心の底から〝Ｙｅｓ〟と言いましょう。あとは魂の導きに従って、自分が本当にしたいことをしながら、にこやかにきらめいて前進しましょう。

本書があなたの魂に良ききっかけを与えられたら幸いです。

２０１９年４月

CONTENTS

ＹＥＳのメッセージ　4
はじめに　あーす・じぷしー　ｎａｈｏ・ｍａｈｏ　12
はじめに　山川紘矢　13

第1章　始まりの扉
あーす・じぷしー
naho

自分のＹＥＳを、
愛を受け入れることから始めよう

◆新たな時代の始まりに　24
◆善い変化はあなたのＹＥＳから始まる　26
◆人類は滅亡を繰り返してきていた　29
◆歩き出さなければ〝その先〟はない　32
◆瞑想の真の効果　37

◆世界はいつも「あなたはどうしたいの？」と投げかけている　40
◆意志にはすべてを変えるパワーがある　42
◆始まりの儀式　43
◆〝YES〟のヴィジョン　45
◆世界の希望である若者たちへ　47

第2章

愛から始まる世界

あーす・じぷしー
maho

愛の時代が始まる！

◆2019年は大いなる分岐点　52
◆愛のまなざしで自分の人生を見直す　56

◆天国からの招待は突然やってくる 59
◆ダルシャンでインドの聖者に会う 60
◆不思議な夢と猿の神さま 63
◆ふたつめの不思議な夢に導かれて 66
◆絶対的な愛の体験 71
◆依存してもよいのか？ 74
◆本当の愛を見つけよう 76
◆愛は永遠に尽きることのないもの 80

第3章 すべてがうまくいく法則

究極の宇宙法則
「受け入れの法則」とは？

山川紘矢

◆最高の波動を持つ「受け入れの法則」とは？ 84
◆すべてがうまくいく宇宙の法則 86
◆「引き寄せの法則」よりもなぜ波動が高いのか 88
◆受け入れの法則13のポイント 90

第4章 自分を受け入れる

山川亜希子

自分の世界に責任を持つと人生がうまく回り始める

◆人生を変えた「受け入れの法則」 104
◆「意識が世界をつくっている」という気づき 109
◆自分を愛せるようになったら、問題はなくなる 112
◆自分の価値は自分が決める 116
◆女性エネルギーと男性エネルギーのバランス 119
◆『アウト・オン・ア・リム』、そして精霊との出会い 121
◆使命を受け入れると宇宙の流れに乗る 122
◆天界からのお誘いを受け入れる 126
◆精霊とつながり、チャネリングを始める 129
◆自分に１００パーセントＯＫを出す瞬間 130
◆神さまからの贈りものを受け取る 133

◆自分を受け入れると宇宙とつながる　137

第5章　目覚めの体験

「受け入れの法則」は2ステップで進む　143
◆「引き寄せの法則」との関係は？　143
◆「魂の願い」は必ずかなう　145
目覚めを迎えるために知っておきたいこと　148
◆「社会からの目覚め」とは？　148
◆エゴは全力で「目覚めさせまい」とする　150
◆臨死体験で目覚めたまほ　153

◆精神的な死を経て目覚めたあっちゃん　156
◆重い病を経て目覚めたこうちゃん　158
◆「気づきのセミナー」で気づいたこと　160

いつ目覚めるかは神さまの時間にお任せ　163

◆日常生活の中でゆっくり目覚めていくなほ　163
◆いよいよ、あーす・じぷしー結成！　でも……　166
◆思い込みのフィルターがはずれた瞬間　168
◆一人ひとり、目覚めのタイミングが違う　170
◆精霊に見せられた「すべては愛」という真理　173

愛と信頼を生きる自分になる秘訣　176

◆引き寄せを呼ぶもの、阻《はば》むもの　176
◆まずは感情のデトックスから始めよう　179

◆ワクワクの本当の意味 181

〈ハートを開いて素直になる 185〉

◆人間関係がうまくいくようになるコツ 185
◆「自分を好きになれない自分」を受け入れる 187
◆自己肯定感を高める方法 189

〈〝ワクワク〟は目覚めるための効果的なツール 194〉

◆「大人になってもワクワクして生きていい」って言われたら？ 194
◆ベストタイミングで決断する方法 198
◆精霊からのメッセージ 201
◆ワクワクには3つある！ 203

おわりに　あーす・じぷしー naho 208
おわりに　山川亜希子 211

第 **1** 章

始まりの扉

自分のＹＥＳを、愛を受け入れることから始めよう

あーす・じぷしー
naho

新たな時代の始まりに

２０１９年が幕を開け、新しい元号の時代がやってきました。２０２０年には東京オリンピックも開催されます。

「いい時代が始まるのかもしれない。今よりも、世界がよくなるのかもしれない」と、いい変化の訪れに期待を抱いている人はたくさんいると思います。

私も、**大きな始まりの扉が開いた**のを感じています。希望で黄金に輝く時代の始ま

りの門が開いたのです。

希望で黄金に輝く時代とは、人間が真の進化をして愛に向かって歩む時代です。一人ひとりが自分の内に愛という指針を見つけ、自分という役割で最大に輝くときです。


しかし、とても重要なことがあります。時代が変わったからといって、私たち一人ひとり、全員の人生が希望で黄金に輝くかといったら、そうではありません。エスカレーター式に自動的に愛を体験し、輝く道へ運ばれるわけでは決してないのです。

まったく変化なく今までの人生を繰り返す人や、もっと苦しい時代が始まる人は少なくありません。

希望で黄金に輝く人生へ突入するためには――これはとても、とても、大切なことです。よく、聞いてください――**〝あなたの意志〟が必要なのです。**

あなたの〝愛〟や〝希望〟を選ぶ意志がなければ、あなたの人生も、この世界も、何も変わることはないのです。

今、私たちは以前よりも強い声で、

「さあ、今までいろいろなことがありました。では、あなたは何を望みますか？」

と、問いかけられています。

善い変化はあなたのＹＥＳから始まる

私は意志のことを〝ＹＥＳ〟と呼んでいます。ＹＥＳは、一般的に使われる言葉の中で最も肯定的な言葉です。

宇宙の始まりの言葉〝Ｏｍ（オーム）〟と同じ意味、エネルギーを持つＹＥＳです。

あなたの存在そのものがＹＥＳであり、私たち一人ひとりの意志がＹＥＳです。

すべての人が持つ究極の意志とは「平和でありたい」という願い、「幸せでありたい」という願い、「存在そのものの尊厳」という３つです。

まずはＹＥＳ、すべてはあなたの意志から始まります。

この宇宙も、「存在したい」という意志からできました。**いつでも現象が生まれるのは、意志からなのです。**

平和や自分の持つ大きな希望へ歩く道は、人類の真の進化であり、あなたの待ち望

第 **1** 章

始まりの扉

んだ人生なのです。

愛を受け入れるには、真の進化を受け入れる意志が必要です。

愛で生きると生活習慣が変わり、なじみのものが変わり、心地よいと思うものが変わり、意識が変わり、ふるまいが変わります。

大きな善い変化は、あなたが「ＹＥＳ」と言うことから始まります。

ひとつ覚えていてほしいことは、何度も、何度でも出発していいということ。

3歩歩いて2歩戻り、迷い、そのときにまた、ＹＥＳへ進み出すしぶとさを持ってください。

どんなに困難な道でも、あきらめそうになっても、愛に進む道の上にいる人は、世界から、神から、祝福され、大応援されます。

そのくらい、愛の道を歩くことは、尊い行為なのです。

あなたのＹＥＳは何ですか？

さあ、待ちかねた人生を、世界を、始めよう。

人類は滅亡を繰り返してきていた

今、みんなに伝えるようになっていた、とても大切な〝意志〟の話をさせてください。

２０１７年12月、私は、インド哲学や瞑想を広めている団体に案内してもらい、初めてインドを訪れました。美しいホールや菜食を提供してくれる食堂、心地のよい瞑想のための部屋がいくつもある敷地で、10日間の瞑想リトリートに参加したのです。

でも、その旅は、穏やかな心地のいいだけの旅ではありませんでした。

10日間の中で、私の最も深いところにあった怒りが噴出し、自分の〝意志〟のなさに大きく落胆し、意志を取り戻すという体験をしたのでした。

きっかけは、３日目の講話でこんな話を聞いたことでした。聖者のような静かなエネルギーの女性が、プロジェクターで写真やイラストを写しながら丁寧に説明してくれたのです。

「この世界のサイクルについて知っていますか？　人が１００パーセント愛に目覚めて生きた黄金時代から、少しずつ陰りができ、落ちていき、今があります。黄金の時代から、少し、愛以外の物もいいなとよそ見をするようになった銀色の時代を経て、愛を見失い、忘れてしまい、宗教をつくり愛を求めた銅の時代。愛を探すこともやめてしまった鉄の時代。そして、今私たちが生きる時代は、鉄が錆《さ》び、愛が最も価値を持たないと思われ、愛ではないものが価値を持つ鉄錆の時代です。鉄錆の時代はやがて滅びます。もうすぐ、地球のほとんどは崩壊するでしょう。そして、また黄金の時代から始まる。私たちはこのサイクルを繰り返しているのです」

私は頭を鈍器で殴られたような衝撃を受けました。

なぜなら、**私ははっきりと「世界は愛と希望に溢れ、真の自由と幸せに溢れたユニークな世界がやってくる」という確信を持って生まれて来たからです。**

世界が崩壊する。そして、それを私たちは繰り返しているなんて――！

私にとって、それは最も不幸な話でした。自分が生まれた理由を真《ま》っ向《こう》から否定されたような、私の生きている意味はまったくないと思わせるような話でした！

第 **1** 章

始まりの扉

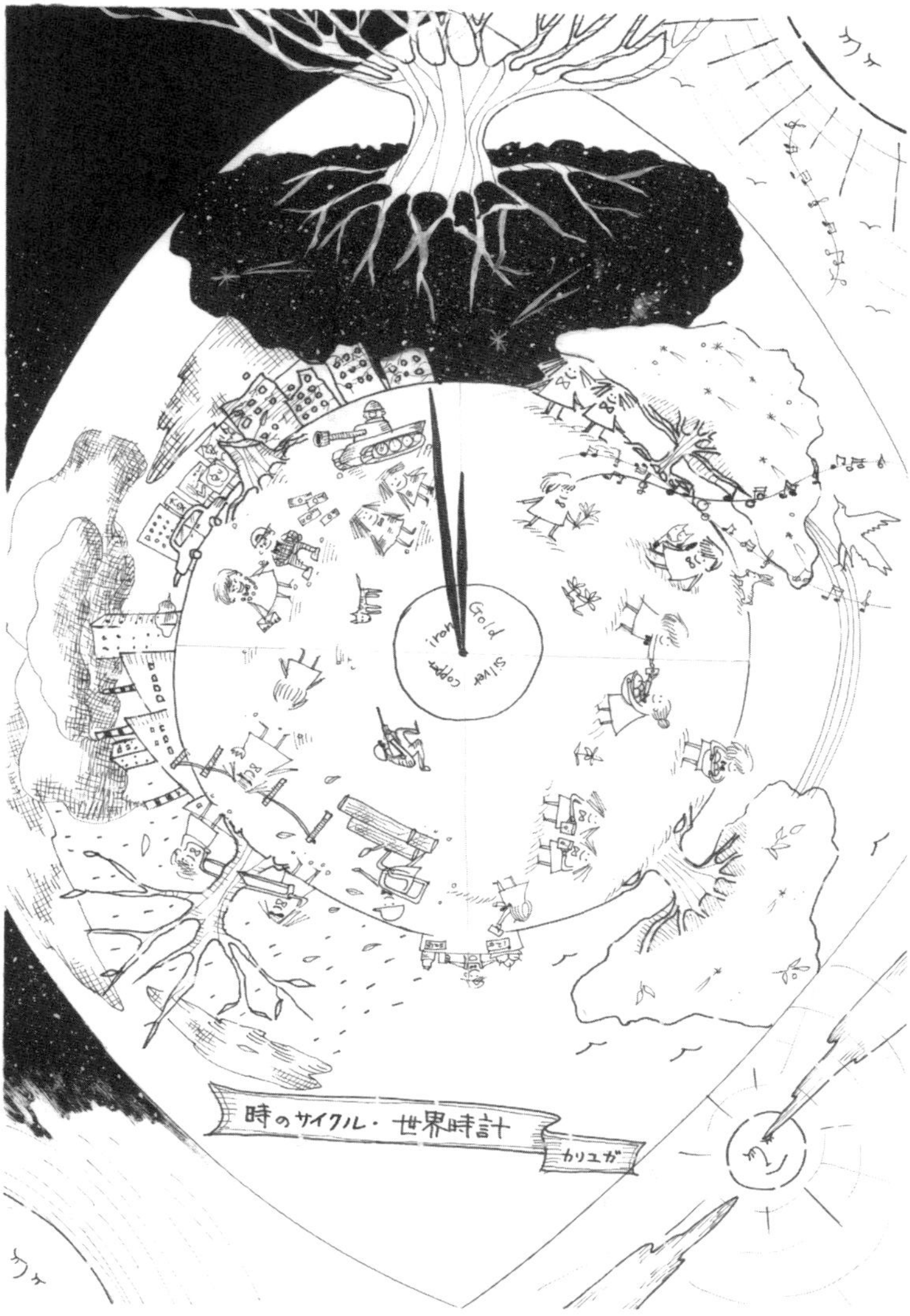

そして、鈍器で殴られたようにぐらつく頭は、私の奥底にある怒りを呼び覚ましました。

「それは違う!!」

大声を出してそう叫び出したい気持ちでいっぱいでしたが、怒りでふるえながら部屋を飛び出すのがやっとでした。

みんなは、どうしてあんな話を聞いていられるの!? あの講師はどうして平気でそんな話ができるの!?

美しく見えていた施設が、とたんにどんよりと重く暗く感じ、ここの施設の人がみな、世界の崩壊を待ちわびる凶悪犯のように見えてきました。

私は大泣きしながら、灯りが少なく薄暗い施設の広大な庭を、怒りが収まらないまま、ぐるぐると歩き回っていました。

歩き出さなければ〝その先〟はない

私は妹のまほと二人で、「本当に私たちはこのサイクルを繰り返しているのか」、瞑想をして確かめることにしました。

私たちは、メインのホールから少し離れた場所にある、静かな瞑想のための部屋を見つけ、そこで横並びになって座りました。

静かできれいな空気が部屋を包んでいました。どこまでも深い意識にもぐることのできる安心感がこの部屋にはあり、今までにたくさんの人がこの部屋で瞑想をしたことがわかります。

私たちは静かに目をつむり、瞑想に入りました。そして、深く、深く、もぐっていきました。

そして、この瞑想の目的をはっきりととらえ、問い続けました。問いて、分解し、また問いていきました。

私は、人類がどうやって生まれたのかを見ることができました。

何もないけど、すべてがある場所から、1つが生まれ、〝存在〟すると、そこからは簡単です。1つが2つに分かれ、2つが4つに分かれ……増え、分かれ、増え、そうやって今の私たちがありました。

一番神秘的で奇跡としかいえない瞬間は、無から1になるときです。〝存在する〟ということはとても、とても——普通ではない、ありえないことでした。それには、「存在したい」という、とても強い意志が必要なのです。

そして、すべての形は、このすべてを見ている神の瞬《またた》き、一瞬で、夢のようになくなります——。


私は、またさらに深くもぐり、また問うていきました。「知っている」という感覚と感情、淡いヴィジョンが私の中を流れていきました。

大洪水、大戦争、原子力……。地球の滅びる感覚——。地球は何度も、何度も、滅びていたのです！

それも、なんと私は2017年を何度か生き直していたのです。いつかの2017年か2018年、地球は限界を迎え、人類の無知が沸点を超え、大災害が起こり、地球はほとんど崩壊したのです。私はパートナーやまほや家族、大切な人たちと離れ離れになりました。そして、亡くなっていました。

繰り返していたんだ！　何度も！

でも、別の、平和になったハッピーエンドもあるはずだ！　そのときを見に行こう。今よりも、もっともっと、幸せなときを見に行こう！

私は、また集中して問いました。だけど、どんなに、どんなに集中しても、それは見ることはできませんでした。

それよりも気づいたことがありました。私は強い意志を持って生まれた〝今〟から、いつも、いつも、逃げていたことに気がついたのです。

いつも、いつも、私は、この繰り返しを変えたい、今度こそ希望や愛の世界で生きたい、望みを全うしたいと願って生まれ、そして大きな願いをすっかり忘れ、「神さまが、この世界をいつか平和にしてくれる。時が流れ、平和な世界がやってくるんだ」と勝手に思い込んで、自分の人生を放棄していたことに気がついたのです。

そのとき、ふいに大きな気づきの声につつまれました。

「どんなに平和を妄想しても、ヴィジョンを受け取っても、どこかにもっと幸せな惑星があると探し回っても、あなたの今はここ。あなたが歩かないとその先はないのです」

大きな気づきの声に包まれた瞬間、私の感情は限界を超えました。お腹の奥が持ち上がり、声を上げて大号泣したのです。

私はいつも愛や希望の世界を、ただ待っているだけで、自分ごとにしたことなど一度もなかったんだ！　自分の人生なのに……、自分の最も強い望みなのに！

いつも、いつも、〝平和になる前〟にいたんだ。準備を１０００回したって、本番は来ないのに。

本番を始めなければ、本番は来ない。そんなこともわからなくなっていたんだ！

愛や希望の世界の前で、私はいつもそれを選ばず、立ち止まっていたんだ！

私は、まだ何も始めていない！

講話を聞いたときに湧き上がってきた深い怒りは、自分自身へ向けたものだったのです。「また繰り返すのか」と、自分に腹が立っていたのでした。

私は、インドにいる残りの間で、生まれたときからの望み、希望や愛の世界へ歩くという、強い意志を持つことを決めました。

だけど、面白いことに、少しでも時間がたつと無意識的な思考を持つ自分へ戻り、強い意志を持とうと決めたときのことなど、簡単に忘れるのです。

これが、私たち人間の思考の仕組みだと気づかされました。そのくらい、私たちの習慣のエネルギーは根強いのです。

私は、意志を持たず、無意識で、望み以外の、どうでもいいことを考えることに慣れ親しんでいました。私の、意志を持つこと、大きな目的に意識を向ける練習が始まりました。

瞑想の真の効果

瞑想もとても役に立ちました。リトリートでは、朝4時に起きて1時間ほど瞑想をするのです。

朝4時はとても静かで美しい時間でした。前日のエネルギーが一掃され、なおかつ、まだほとんどの人が活動していない、エネルギーの澄んだ時間なのです。この時間に瞑想できたことは、とても素晴らしい体験となりました。

本来の**瞑想の目的は、リラックスすることではありません。頭の上から背骨を通し、眉間《みけん》の奥へ、神聖なエネルギーを取り入れるために行います。**

習慣的に行うと、悪い習慣や雑念を繰り返す思考回路から、本来の大きな望みや希望を思考できる回路がつくられます。これは、とてもすごいことです！

今まで考えられなかった善い願いや、大きな望みについて、はっきりと考えられるようになります。瞑想は、先人たちが、生きる目的を忘れてしまう私たちに残してくれた、強力なツールなのです。

食習慣も大きく変わりました。リトリートではベジタリアンフードが用意されていました。野菜とたくさんの香辛料で作られたインドカレー、インド料理、スープに、デザート、チャイまで、毎日、無償でふるまわれました。どれも、とても美味《おい》しいのです。

食事を担当するスタッフは、日常から瞑想的な意識でいられる人が選ばれているそうです。そのくらい、体に取り入れる食事は人の意識に影響し、どんな自分をつくるかを左右する重要なものなのです。

生活習慣、思考回路、食事が変わり、善いものを受け取る土台ができてくると、気づきを純粋に受け取れるようになります。

一緒に行ったある友人が体験した気づきは、自分探しの道の的を射たものでした。

彼は、毎朝4時の瞑想のために、起きるとシャワーを浴び、簡単に着替えを済ませると、瞑想ホールまで歩いていました。

しかし、ある日、部屋を出る直前に突然、停電になり、施設の電気がすべて消えたのです。彼はあわてて外に出ました。

すると、目に飛び込んできたのは、まだ暗い空に輝く、あまりにも美しい、無数の星の眩《まばゆ》い光だったのです。

その美しさに心を奪われたとき、彼は大きな気づきを受け取りました。

「そうか、今まで建物の電気がついていたから、こんなに星がきれいだとわからなかったんだ。これは、ぼくたち人間の修養の道と同じだ。

自分という光を見つける歩みは、いらない電気を消していくこと。

自分という光を探し回るのではなく、本当の光ではない、いらない光を消せばいいだけなんだ」

そして、彼はさらに瞑想に真剣に取り組むようになりました。その目はますます純度を増し、輝いていきました。

私たちがリトリートで経験した瞑想や菜食は、まさに自分のいらない光を消す作業でした。

世界はいつも「あなたはどうしたいの？」と投げかけている

また別の日、私も大きな気づきを受け取りました。その日は、「サイレントウォーク」といって、誰とも話さず自分の内側に意識を向けながら、瞑想的に歩く時間が設けられていました。

サイレントウォークをしているとき、私はこんなインスピレーション（コンタクト）を受け取りました。

「この世界は万華鏡のようです。

万華鏡を回すのはあなたの仕事。そして、ひとつの乱れもなく、美しく完璧な絵柄にするのは、神の仕事。

回すためには、あなたの意志が必要なのです。意志を神に任せることはできません。

愛の道へ歩くのか、崩壊の道へ歩くのかは、あなたの意志次第です。

いつも、あなたの意志を待っています」

私たちは、いつも世界から「さあ、あなたの望みは？　あなたの意志を教えて」そう呼びかけられているのだと気づきました。

人生にはいろいろな出来事が起こります。悔しい思いをしたり、立ち直れないくらい悲しい体験をしたり、人を信じられなくなるような出来事が起こったり、心からうれしくなることと出合ったり。

歴史を振り返っても、たくさんの悲劇や感動的な出来事、戦争、災害が起こりました。今の世界は、やはり鉄が錆びた時代なのです。

愛よりもお金や地位や名誉に価値があると思い、人が人を殺し、憎しみや悲しみが当たり前に広がっている。その世界に慣れ、〝普通だ〟と思うところまで落ちてしまっているのが、今の私たちなのです。

意志にはすべてを変えるパワーがある

でも、今の時代へと送られた、とても重要なメッセージがあります。それは、

「愛がなく、自分らしく生きられず、戦争があり、苦しみや悲しみが多く、幸せが遠い――そんな望んでいないことばかりがある歴史をたどり、〝NO〟をたくさん体験した私たちだからこそ、自分の真の望み、〝YES〟に目を向けることができる」

明るい場所で小さな真実の光は見つけにくいけれど、真っ暗闇の中では、どんなに小さな光でも見つけることができます。

自分が揺さぶられるような出来事が起こったときや、自分の世界が真っ暗になったとき、世界から、

「さあ、あなたの望みを教えて。今ならわかるはず。

何を望んでいる？　本当は何がしたい？　意志を言って。

真実の光を選ぶんだよ」

と問いかけられています。

強い意志は、何度も人生に現れるサイクルを変え、望まない世界を終わらせます。

本当に望む希望の世界へと変えられるのです。そして、強く意志を決めた先は、この世界という万華鏡を支える神さまが面倒をみてくれます。

私たちのつま先をしっかりと意志するほうへ向ければ、あとは神さまが、自分に必要な習慣や修養、気づき、仕事、するべきことを運んできてくれるのです。自分にわかる形で、道はしっかりと示されます。

始まりの儀式

インドでの10日間は、新しく生まれ変わるような日々でした。毎日新しい気づきの連続で、1日が1週間にも1カ月にも感じられる日もありました。

帰国して数日経った2018年1月1日。私はパートナーの実家がある北海道旭川にいました。本当は、家族みんなでトランプをしながら、いつものお正月を過ごすはずでした。

だけど、ふと外の雪を見たとき、「また、忘れたのか？　また、繰り返すのか？」と、私の意志はノックされたのです。

日本に帰って、私はまた少し忘れていました。日本という馴染《なじ》みのある空気は、意識していないとすぐにもとの思考回路へ戻し、馴染みの生活を送ってしまいます。

私は、すぐに長靴をはき、急いで外へ出ました。そして、雪が高く積もった家々を抜け、大好きな川が見える河川敷まで歩いたのです。

腰まですっぽりと埋まるくらい雪が積もり、あたりは一面真っ白でした。


そして、私はひとり、始まりの儀式をしました。そうしなければ、また、簡単に忘れてしまうから。証人は川と神さまでした。

「今までの、希望を待ち続けるというサイクルを断ち切り、**今日から私は希望へ進む、始まりの一歩を踏み出します**」

そう静かに、熱心に祈りました。

今までの古いパターンは黒いアゲハ蝶になり、私のハートの奥から空高く飛び立ちました。そうして私はずっとずっと、自分の置くに隠したままだった、5年前に受け取った〝YES〟というヴィジョンへ行動を起こすことを決意しました。

〝YES〟のヴィジョン

5年前、ネイティブアメリカンの聖地セドナから日本へ帰国する車の中で、私は、ヴィジョンを受け取りました。それは、「生きているうちに、人類はひとつになり、世界平和が訪れる」というものでした。

著名なアーティストも、サラリーマンも、学生も、政治家も、肩書きに関係なく、みんな、世界が希望で溢れることを願い、純粋な眼差しでこの世界を見ていました。純粋な願いが溢れ出し、世界が平和になる確信に喜び、みんなはひとつになっていました。

そして、このような日は日本で起こり、その後、世界へ飛び火していきました。それは、白昼夢のようにはっきりとした圧倒的な至福の体験でした。

〝YES〟とは人がネガティブ・ポジティブ（優れている・劣っている）のシーソーを超え、私たちはひとつだと知る視点であり、平和への糸口です。私が見たヴィジョンは、1985年イギリスで行われた最大級のチャリティー音楽コンサート、

「ＬＩＶＥ ＡＩＤ」を思わせるものでした。

私は、同じ思いの仲間を探すため、人類最後の平和活動「ＹＥＳ ａｉｄ」とタイトルをつけ、日本語と英語でそれぞれ、企画書を作りました。平和を願って行動している人と早く手を取り合う必要があると感じたからです。

平和活動をしている著名な作詞家や、ミュージシャン、海外で活躍するアーティストや活動家、女性の活動家など様々な人へ、企画書を直接渡して話をしました。直接会えない人にはメールや手紙も送りました。大勢の前でスピーチもしました。

しかし、「生きている間に、平和な世界にしたい」という思いは、平和活動をしている人にさえ伝わらなかったのです。なぜなら「生きているうちに、希望に溢れた平和な世界にする」ということは、社会ではとても壮大で、夢物語のように思われるからです。

この世界で、純粋な希望を持てるのは誰でしょうか？　それは、まだ社会に出ていない若者たちです。しかし社会に出てからは、子どものころの純粋な芽は摘まれてしまいます。私たち二人は、「世界が平和になり、希望とユニークさ、本当の自由が溢れること」だけが夢でした。その世界で生きるために生まれてきて、それ以外の夢は持っていませんでした。そのことは、私たちの最大のシークレットでした。

10代、20代の若者たちの中で、世界が平和になることなんて当たり前で、平和のために生まれてきた子はたくさんいます。彼らは、世界を変えるほどの希望やアイデアを持っています。だけど、私たちのように、それを誰にも言えずにいます。

大人になると、どんなに平和や愛を望んでいても、私利私欲を捨て、自分自身をすべて純粋なものに変えるのは難しくなります。なぜなら、自分のキャリアや生活のほうが大切だと信じ始めるからです。しかし、若者たちは、それらよりも大切なことがあると知っています。本当の人生の目的とは、世界の平和や希望のためにあるのです。

世界の希望である若者たちへ

もし、今この本を読んでいるあなたが、純粋な思いを持ち、そう生きたいと願っている若者なら、できる人からもう始めよう。良いことは恐れずやろう。大人のふりをしないこと。

あなたのこころの純粋さを守れる人は、あなたしかいない。大丈夫、愛を信じ、そう生きる人たちは、みんな繋がっています。あなたは、世界を変える希望そのものであり、世界を変えるメンバーの一人です。

２０１９年夏には、「ＹＥＳ a・i d」を日本で開催します。この本を執筆している間、なんと、プロモートしてくれる人が現れたのです！

「ＹＥＳ a・i d」は若いアーティストで開催します。従来の「ＬＩＶＥ ＡＩＤ」のような大きなホールは借りません。小さなホールで、ＳＮＳを使って世界中へ、若者たちで発信します。15歳～23歳までの純粋な思いを持つ若者たちは、ぜひ、あーす・じぷしーまで連絡をしてください。

もし、あなたが社会に出ている若者なら、少し立ち止まってあなたの本当の声を聞いてみてください。

私たち一人ひとりには、それぞれに違った、その人だけの道があります。現状を変えようと焦らなくていいのです。必ず、どの道を行くのか選択する時が来ます。その時、本当の声に従う勇気を持ってください。どんな選択をしてもうまくいきます。すべての人は導かれています。信頼してください。

大人のみなさん、若者の他者や世界を思う純粋な思い以外に何を望むでしょうか。それこそが、この世界の財産なのです。どうか若者の純粋な思いを受け入れ、サポートしてください。大人の持つ寛大さは、全ての若者の助けになります。

若者たちは、自分の家族だけではなく、地球に住む大きなひとつの家族にとって、素晴らしい未来をもたらします。そして、子どもを持つお母さんは、未来の若者を育てるとても重要な役割を担っています。

子育てが終わったお母さんたち、すべての人間はお母さんから生まれてきました。お母さんこそ無私の精神で子どもを産み、育てた奉仕の人です。

これから活躍するすべての若者と、すべての若いお母さんのサポートをしてあげてください。他者を助けることは、自分の道が開ける、最も近道なのです。

インドの大聖者はこう言いました。

「子育てとは、この地球上で最も尊い仕事です。母親とは最も尊い仕事をする人たちです」

さあ、これからの新しい時代は、ジェネレーションが違うもの同士が助け合っていくことが大切です。若者は、自分の純粋性を受け入れ行動すること。大人は、若者の純粋性から学び、受け入れ、行動をサポートすること。もし、受け入れられない時は、せめて邪魔をしないことです。もう純粋な人たちを先に行かせる時です。ＹＥＳへ歩きましょう。世界は変わることができる。

第 **2** 章

愛から始まる世界

愛の時代が始まる！

あーす・じぷしー
maho

２０１９年は大いなる分岐点

この本が発売されるのは、２０１９年5月。平成から次の元号へ変わった直後のタイミングです。

２０１９年から２０２０年は、個人の人生にも、世界にも、大転換期となるとても特別な期間だと感じています。

同じ意味合いの期間は、２０１２年にも訪れていました。

私が初めてひとり旅でペルーに行ったのは2012年12月後半、私の人生を大きく変えて今の生き方にシフトした分岐点でした。

「2012年中に出発しなければいけない」という大きな直感が何度もやってきて、なかば蹴飛ばされるように日本を旅立ちました。ペルーに着くと、すぐにお正月が始まったのを覚えています。

旅に出る前、私は学生でした。高校を卒業して服飾の専門学校に通ったのですが、もっと難しい技術を学びたくて、卒業後にもう一度学校に通い直していたところでした。

2度目の学校ということもあり、最終目的は就職です。その大ゴールに向かって、同期のクラスメイトたちと就職活動へ向かっていました。

しかし、2011年に起こった東日本大震災によって、私の意識は変化していました。

それまではなんともなかった違和感に気づき始め、この道しかないと思っていた道が、地震とともに揺れ、ヒビが入ったのです。

スピリチュアル系と呼ばれる人たちの間では「2012年は分岐点。アセンション（次元上昇）の年」といわれている年でもありました。

それも「かなり大きなことがある、ここを逃すと、次は少し先ですよ」という情報がたくさん入ってきていました。その情報とリンクするかのように、私自身も2本の道の前に立ち、どちらを選ぶかを決めるときに来ていたのです。「就職する人生」か「自由な人生」といった表面的なことではなく、もっと内的な分かれ道でした。「今までの延長にある道」か、「自分の運命を選ぶ道」か――。

私は後者を選びました。選んだことにより、人生は想像を超えて変化しました。まさかペルーで臨死体験をするとは想像もつかなかったし、こういう仕事をするとは思いもしませんでした。なほと一緒にいられるとも思いませんでした。

今まで出会うことのなかった友人たちとも出会い、生活は変わり、性格も変化しました。もしあの分岐点で、神さまから「このような未来になる」とハッキリ見せられたら、怖くて踏み出せなかったかもしれません。あまりにも当時立っていた地点と違いすぎて、どうやってそこへ行くのかわからず、「無理だ」と思ったことでしょう。

２０１９年は、そのような分岐点にきていると感じます。

「今未来を見せたって、今のあなたでは到底想像がつかないし、『うそだ！』と信じられないかもしれません。だから見せることはしませんが、そのような変化があるのです。信頼しなさい」

神さまから、そう言われている気がするのです。

個人の人生だけではなく、世界全体、地球全体の変化も含めてです。

私たちが想像できる範囲をはるかに超え、「うそだ！」と言ってしまいたくなるような結果が待っている道を、今選ぼうとしています。

それが、〝あまりにもひどい未来〟を見ての驚きなのか、〝あまりにも素晴らしい未来〟への驚きなのかは、私たちがどちらを歩くかで決まってきます。

でも、それはしごく当たり前のことで、東京から北海道へ行くために、南へ南へどれだけ歩いても、到着することはありません。目的地へと歩くとき、歩いた頑張りはすべて目的地へと続きますが、逆方向へ歩いたときは、歩く分だけ目的地から遠くなるのです。真の目的に向かうことが、とても肝心なのです。

愛のまなざしで自分の人生を見直す

この2019年は、自分が持っている考え方、また今まで勉強してきたスピリチュアルや自己啓発、引き寄せや宇宙の法則、成功法則、何かのメソッド、また常識や誰かから習ったことを、少しわきにおきましょう。

今からの要《かなめ》は「愛」です。
愛を知りたいと求めてください。
愛は私たちの物差しや判断を超えています。

これから、自分が愛より優先してきたこと、愛よりも力があると思っていることが、ハッキリとしてきます。こわれたり、なくなったり、うまくいかなかったり、充実感や心の満足感が得られなかったり、さまざまな方法で、「愛を選びなさい」というメッセージがやってくるのです。
愛は永遠でなくならないのに対して、愛ではないものは一時的で、なくなってしまう定めだからです。

私たちは「愛」以外のよりどころを持つことはできません。

愛ではないものに腰掛けていると思ったなら、今すぐ降りることです。

ずっと愛を大切にしているなら、それはとても素晴らしいことです。胸を張って、堂々と誇りに思いましょう。

誰かや社会の評価ではなく、自分自身が一番そのことを知っているのです。自分のどんな行動に誇りが持てるか、自分のどんな眼差しに誇りが持てるか、愛の行動は何か、愛で選んだことは何か、それは自分がいちばん知っています。

逆もそうです。誠実ではなかったこと、ごまかしていること、愛ではない選択をしていることは、自分がいちばんわかっているはずです。

誰かにほめられ評価されても、あなたが誠実で充実感があるかはまた別の問題です。

誰にもほめられなくても、誠実であることはあなたの大きな財産です。誰かに対して誠実かではなく、**あなたの生きる態度が誠実かどうかです**。愛のまなざしで、自分の人生を点検してみてください。

天国からの招待は突然やってくる

私の人生の大転機は2度あって、ひとつはペルーへの旅、もうひとつはインドへの旅でした。それはどちらかひとつで完成するものではなく、ペルーとインド合わせてひとつの大きな魂の旅でした。

「インドは、呼ばれるときが来る」と旅人の間で言われていますが、まさに、私にも〝インドからのお誘い〟がやってきました。

インドは、現代では風化してしまった〝愛、普遍の真理、智慧〟が聖者や聖典、ヨガなどによって残されている場所です。

インドからの招待、もとい、愛からの招待は突然やってきます。それは未知への招待であると同時に、なつかしい、ずっと探していた本当の居場所へ帰っておいでという呼びかけです。

ここからは、私の「インドからの招待」の話です。私が本当に愛を受け入れ、信じるために、私にはたくさんの時間とたくさんの疑い、たくさんの葛藤と苦難が必要でした。そしてそれは今も続いています。

インドの神さまやお釈迦さまが手のひらをこちらへ向けているのはどういう意味か知っていますか？

「恐れるなかれ」

そう。愛を、幸福を、恐れるなかれ――。

神に出会うというのは、私たちが自分の正体に出会うということです。

そして愛を知っている人生が始まります。

この話が、あなたへの「愛への招待」となりますように。

それでは「インドからの招待」、始まり始まり。

ダルシャンでインドの聖者に会う

ある男性から、私は、あるインドの聖者に会う機会をいただいた。インドではそういった集まりのことをダルシャンというらしい。私は「ダルシャン」に参加することになった。

だけれど、ダルシャンだろうと、お食事会だろうと、それは私にはあまり関係なかった。またその聖者が誰だろうと、それもあまり関係がなかった。

ただ私は、黄金の至福の蜜をまた感じたかったのだ。

それは以前、あっちゃん・こうちゃんのトークイベントで、インドの聖者の音楽が流れたときに体験した、今まで味わったことのない幸福感だった。

もし、それがまた感じられるなら、聖者であろうと、牛が出て来ようと、大男が出て来ようと、姿かたちも、名前でさえ、なんだってよかった。

ダルシャンに行く日までの道のりすべてが、ポタポタと蜜を落とされたように、甘い香りが漂っている気がした。

黄金の見えない絨毯《じゆうたん》がうっすらと敷かれ、私がこの入り口を見失わないように待ってくれているようにも感じた。

そして、念願のその日。

会場はきれいなごく一般的なホテルだった。結婚式場のような、たくさんの人が入れる教会のようなホールがあって、インド式にカラフルに飾られ、聖者が歩くための赤い絨毯が敷かれていた。

インドの伝統衣装のサリーや、着物を着ている人、それぞれ場にふさわしい正装で200人くらいが集まっていた。

ダルシャンは2日間行われる。

私とパートナーは前日からホテルに泊まり、次の日もう一泊してすべての日程に出てから帰る予定だった。


しかし、私たちは初めて体験するインド式の会、ダルシャンに度肝を抜かれた。

会場に入ると、バジャンと呼ばれる神さまに捧げる賛美歌が鳴り響いていた。

たくさんの楽器が演奏され、みんなそれぞれに歌いまくっている。好き勝手に歌うので、お世辞にも心地のよいものとは言えなかった。

バジャンがだいぶ長い間続く。

そしてようやく、みんなお待ちかねの聖者が、赤い絨毯の上をゆっくりと歩いて来た。

結婚式に参列するように、参加者たちは男女に分かれ、赤い絨毯の両側の席に座って、その真ん中を歩いてくる聖者がよく見えるよう、身体ごと向ける。

それからはもう、必死だ。その聖者の足にひれ伏したり（ナマスカールという、インド式の挨拶）、何か物を渡そうとしたり、懇願したり、少しでも話しかけてもらおうと身を乗り出したり——。

なんだか、よくないものを見ている気分になった。自分を投げ打って、自分ではない誰かにすがる様子は、依存のようで、一人ひとりが弱々しく見えた。

その見慣れない雰囲気に、私は圧倒され、思い切り引いてしまった。

それから、数人が壇上で話をして、最後に聖者の講話があった。しかし、講話の内容も、特別目新しいものではなかった。むしろ、ものすごく普通のことしか言わない。

不思議な夢と猿の神さま

ただ、ひとつだけ不思議なことがあったのだ。

前の晩、ホテルで寝ているときに夢を見た。

夢にはいろんな種類があるけれど、サインのような、私に何かを知らせる啓示的な夢だった。

夢の内容は、今日と同じ会場に白い車がやってきて、今日と同じようにサリーを着た人たちがその車を待ち構えていた。

その車からインドの衣装を着た人が降りてくるけれど、私には後姿しか見えない。

そして、その人の後ろを、同じようにオレンジ色のローブを着た猿の神さまが、モノマネをしながら威張って歩いているのだ。

私はびっくりして、「見て見て！　なにあれ？　なんで猿の神さまがいるの？？」と周りの人に言うけれど、私以外誰にも見えていない。

猿の神さまは私を茶化すように、さも偉そうにこちらを意識しながら歩く。そのままふたり（ひとりと猿の神さま1匹？）は、ダルシャン会場に入っていくのだ。

その場面で目が覚めた。

そして今日、赤い絨毯の上を聖者が歩いて来たとき、夢に出てきたのはまさにこの人だとわかった。着ている衣服も同じだったのだ。

その聖者の講話の最初の話は猿の神さま、ハヌマーンの話だった。

しかしその講話は、その夢との偶然だけが印象的で、あとは特に胸に入ってはこなかった。

ほかに気になったことは、最後の質疑応答のときに、よれよれに疲れた様子の初老の男性が質問したときだ。

「どうしたら自分の人生がもっとよくなるのか」

そういったような質問だった。

「まずは自分を愛することからだよ……」なんて心の中でつぶやいたけれど、聖者の答えはまったく違っていた。「奉仕をしなさい」とか、「もっと祈りなさい」とか、いかにも解決しなさそうな答えだった。

そのやりとりに心底がっかりして、ここに来るべきではなかったと悟った。

あれほど楽しみにして、期待していた分、落胆も大きかった。

この会に来たのは、何のメッセージを受け取るためだったんだろう？　「あなたがもっと日本で頑張りなさい」というメッセージだろうか。

ダルシャンが終わってホテルに帰ると、パートナーも同じような感想だった。

「オレ、明日行かずにもう帰ろうかな……」

「うん……。そうだね、明日早起きしていい席取る必要はないよね……」

お互い、今日一日の出来事にガッカリしていた。それぞれ大浴場に入り、早々に布団に入ることにした。

しかし、不思議な感覚は少しだけあった。お風呂に行くときも、いつも誰かに見られているような感じがした。自分の内側に思い切り入ってしまう、何かシンとした密度の濃い空気のようなものは、あった。

だけれど、今日のダルシャンでの様子のほうが決定的だ。ひとりの人間に、あんなふうにすがるのは、明らかによいわけがない。

そしてあの、誰も救われないような質疑応答――。

グルグルといろんな考えがめぐり、目覚ましもかけずに布団に入った。

本当に明日ダルシャンが必要なら、神さまが起こしてくれるだろう、と安易な気持ちで眠りについたのだ。

ふたつめの不思議な夢に導かれて

――キュッキュッキュ。

シューズが体育館の床にこすれる音がする。

私はバレーコートに立っていて、まさに試合の真っ最中だ。会場は熱気に包まれていて、私たちの試合はとても注目されていた。

なぜなら23対2で、世紀の大圧勝だったからだ！　チームのキャプテンは私だ。あと2点でこの試合は終わる。もう勝利は決まったようなものだった。

チーム全体が、勝利を確信し、浮き足立っていた。まだ勝ってもいないのに、私たちはガッツポーズをしたり、ハグし合ったりもした。誰ひとり、私たちの勝利を疑う人はいなかっただろう。

しかしそのとき、敵チームのサーブが入った。相手チームに1点を取られてしまったのだ。

と、思ったのも束《つか》の間、ほんの数秒、瞬《まばた》きを数回し終わったときには、なんと大逆転され、私たちのチームは大負けしていたのだ。

「え？　え？　ええーーっ？」

コートに立ちすくむ私。相手チームの勝利に大騒ぎする声。観客たちのどよめきと拍手。チームメイトも困惑し立ちすくむ中、私の心は大音量のエコーで叫んでいた。

「えーーーっ！　うそでしょ！　うそでしょ！　どうなってるのーーっ？」

ぱちっ、と目がさめると、そこにあるのはバレーコートではなく見慣れないホテルの天井だった。

ついさっきまでコートに立っていた身体は、布団の中で横になっていた。

心臓はまだバクバクいっている。言いようのない後悔と恥ずかしさ、困惑でいっぱいだった。

私は瞬きもせず、大きく目を見開いて天井を見つめていた。

「やってしまった……」

この夢は、まさに今の私へのメッセージだった。身をもって体験させられたのだ。

勝利を目前にしながら、自分勝手な判断や浮ついた心で、勝利のお盆をすべてひっくり返そうとしている。それが今の私なのだ。

そのとき、誰かに聞いた「最後の一段は踏みはずしやすい」という言葉が思い浮かんだ。階段に細工があるのではなく、昇っている本人が油断するのだそうだ。

そのとき、**「真の勝利を逃すのではない！」**と、どこかで一部始終を見ていたコーチから、大声で喝《かつ》を入れられた気がしたのだ。

思わず、ガバッと布団から飛び起きた！　隣のパートナーはまだ寝ている。私は顔も洗わず、そのまま布団の横に置いてあった洋服を頭からかぶった。

「ごめん、私先行く！　やっぱり今日のダルシャン行くね！」

そう言って時計を見ると、開始時間の5分前だった。鏡も見ずに、必要なものだけ持って、靴をひっかけ。あわてて部屋を飛び出した。

「え！　そうなの？　オレもすぐ行く」

後ろから彼の起きる音が聞こえてくる。

バクバクバクバク……。鼓動は速いままだ。手はガクガクふるえている。階段を駆け足で降り、隣のホテルのダルシャンホールまで急いだ。

ホテルから会場までは、歩いて10分もかからない距離だ。

だけれど、思うように歩けないのだ。なぜか泣けて泣けて、涙が止まらなかった。

一歩歩くごとに、私の中に気づきが起こり、自分の何かにヒビが入り、ガラガラと音を立て崩れていく。疑う心、自分勝手な判断、真実ではない知識、ジャッジメント、自分の無知さ、傲慢さ、プライド……私のエゴが、ものの見事にガラガラと落ちていく。

たった10分の距離が、1時間にも2時間にも感じられた。ようやくホールの前に着いたときには、私の中で大崩壊が起きていた。扉の前で崩れ落ち、息ができないほど大泣きしたのだ。

すぐあとからやってきた彼は、私を見てビックリしていた。

彼を見ると、彼への感謝が溢れて止まらなくなってしまう。

「ありがとう……いつもありがとう……」

自分の無知さからのワガママや傲慢だったふるまい、それをゆるしてくれていた彼の姿がありありと見えた。

「大丈夫？　もう始まるよ。入ろう」

優しく彼にうながされ、ダルシャンホールのドアを開けた。


そこは、どこかの立派な大聖堂なのかと思うくらい、すべてがキラキラと輝き、空間はどこまでも広がるように大きく感じた。部屋中にバジャンが鳴り響いている。昨日、耳障りに感じていた音楽とは、まったく違うものに聞こえた。バジャンが神さまに捧げる祝福の音楽であることは、疑いようもなかった。

そして、時間ギリギリに来たのにもかかわらず、とてもいい席がひとつだけ空いていたのだ。私は案内係の方にうながされるままにそこに座った。すぐに、昨日の聖者が赤い絨毯の上を歩きながらやってきた。

絶対的な愛の体験

これは、昨日の会と同じなのだろうか？

そう思ってしまうほど、すべてがまるで違っていた。

バジャンの音楽は、天使たちが頭上で歌ってくれているのではないかと思うくらい、こんな私を盛大に祝福してくれるようだった。

金のかめをひっくり返したように、会場中の慈愛が私に降りそそいでいた。


私は席に着いてからも、子どもみたいに泣きじゃくっていた。お腹の上のあたり、その奥から黄金の蜜が溢れ出し、内側から尽きることのない幸福感が吹き出した。

私は自分の人生のさまざまなシーンを思い浮かべていた。真実ではない知識は、私の目をにごらせていた。たくさんの涙と一緒に、自分自身が洗われていくようだった。

人生のエンドロールを見ている気分だった。

そして恐る恐る、涙を拭く手を止め、前を向いた。すると、そこには目を疑う光景が広がっていた。目に見える景色がすべて、金色だったのだ。前の椅子の背もたれも、座っている人も、その人の服の襟も、取り巻く空気も、音楽もすべてが黄金に輝いていた。

ああ……神よ……。私は祈るような気持ちだった。そうか。神は愛だったのか……。

キリスト教も、イスラム教も、ヒンドゥー教も、すべての宗教は、このことを言っていたのか。科学も、物理学も、芸術も、言語も、すべてはこの光から、この愛から、神から始まっていたんだ。

それは圧倒的な、その他がない体験だった。

人生で、幸せだと思う瞬間が何度かくるけれど、それはこの黄金の世界の前にヴェールがかかっていて、たまに風に揺れ、ヴェールから漏れるその光を垣間見ただけで、本当は、こちらが真実だったんだ。

私たちが目の前のヴェールを開けば、そこには黄金の至福の世界が広がっている——。これが、世界の真実だったんだ。

私は、愛を知らなかった。知った気になっていたけれど、それは概念や考え方で、本当にわかってはいなかったんだ。私が知っていたのは愛情で、真の愛とはまったく違うものだ――。

そして壇上に立った黄金の聖者を見た。私の中からも同じ黄金の蜜が、溢れ出し続けていた。

すべてが黄金の中、私はその聖者とふたりきりだった。

〝その聖者〟というのも不自然なくらい、本当は、名前もなく、姿かたちもない。愛そのもの、神そのもの、幸福そのものとの対面だった。

私という問う宇宙から、すべての解という宇宙がそこにあった。黄金の遠くの向こうにたたずむ〝その聖者〟に、どうしても気になったことを心で聞いてみた。

「あなたに会いに来た人が我を忘れて、あなたにすがっています。これは本当に正しいことなのですか？」

神との対話は一対一だった。誰ひとり、そこに他者はいなかった。

〝その聖者〟は答えた。

「いいんだよ」

それは人類すべての父親のような大きな優しさだった。

「一度も砂糖を食べたことのない人に、どうやって砂糖の甘さを伝えるんだい？　人にとって、真に不幸なことは何かわかるかい？　それは砂糖の甘さを知らずに終わることだよ。

一度でも砂糖をなめたら、その甘さは忘れないのだよ。真に不幸な人は、甘さも忘れ、求めることも忘れた人のこと。

求めなさい。あなたが1歩近づいたら、私は100歩近づこう。

違うものでごまかすのをやめ、私を求めなさい。あなたが一番欲しいものはすべてここにあります」

その答えを聞いて私は納得した。そして心の中で、私も彼の足元に額をつけた。

今まで自分が大事にしていた軸や、考えさえも、そんなものはちっぽけなのだとわかった。私のエゴが、愛にひれ伏し、降参した瞬間だった。愛より偉大なものなんて、存在しえないと知ったのだ。

依存してもよいのか？

インドに行く前の私は、もうトークライブもしたくなかった。ブログも、伝えることも、したくなかった。ワクワクなんてどうでもよかった。スピリチュアルという言葉にも嫌気がさしていた。

今、日本で広がっている宇宙の法則や、引き寄せ、スピリチュアルの知識、人が勝手に作り上げたメソッド――、それが真に人の幸福のためにあるとどこか思えなかったのだ。

結局、スピリチュアルはお金や成功のため使われ、今の生活をいかに良くするかの世俗的なツールに成り代わっていた。

スピリチュアルとはなんだったのだろう？　それは時代や流行が移り変わっても、変わらない普遍の知恵ではなかったのだろうか？

裕福で恵まれている人だけではなく、貧しい人も、病気の人も、不遇な生い立ちの人も、どんな状況の人もすべてが、真の幸福を見出せるものではなかったのだろうか？　国や宗教、考え方が違っても、そのような差異をも超えた、万物に宿る光ではなかったのだろうか？

そう思った時、昨日のダルシャンでの質疑応答を思い出した。よれよれの男性に、聖者がなぜあのようなアドバイスをしたのか。

以前の私だったら「ワクワクすることをしましょう。自分を愛しましょう。気分を変えましょう」なんて言うかもしれない。だけれどあの男性には、それは心が休まったり、気分が良くなる一時的な解決でしかなかった。

彼は、苦しみから解放され、ようやく幸福の門を叩くかもしれない。お金や一時的な喜びではなく、真に自分を癒すものが何かを知るかもしれなかった。そして聖者は、彼の真の幸福を求める機会を奪わなかったのだ。彼が、砂糖を舐める一歩手前にいたのだから。

本当の愛を見つけよう

このインドでの体験は、私の知っている愛と幸せの定義をひっくり返し、真の愛と真の幸福とは何なのかを、はっきりと見せてくれました。

私がずっと求め、探していたものはこの「愛」でした。インドは、私が愛や霊性、真実に飢えていたことに初めて気づかせてくれた場所でした。

私たちを真に生かすものは何でしょうか？

食べもの？　空気？　仕事？　お金？　家族？　友人？

すべてがそろった人でも、生きる意味が見出せず苦しんでいる人もたくさんいます。

私たちがお腹いっぱい何か食べたいと思うときも、誰かに認められたいときも、愛されたいと願うときも、誰かといたいと思うときも、本当に心底求めているものは、真の愛です。

私たちを真に生かしているのは、愛なのです。

現代に生きる私たちは、「お腹が空いた。お腹がいっぱいになりたい」と願い、一生お腹を満たすことのないパンを食べ続けているようなものです。何か他に食べられる物がないかと探し回り、手当たり次第口に入れています。そして、いったい何を食べたら満腹になるのか、満腹とはどんな感覚だったのかさえ、忘れてしまっています。

もし私たちが愛を見つけることができたら、私たちは初めてお腹いっぱいになります。

心から満たされて、安心し、満足し、充実します。

そして愛は、永遠に尽きることがありません。

この世界には、私たちを真に満たすものが存在しています。

愛こそが、私たちを満たす唯一のパンです。

この世界が生きづらいと感じたことはありませんか？　腹の奥底から満たされたと思えたことはありますか？　誰にも理解されないと思ったことはありませんか？

世界の矛盾に辛くなったことは？　それとも、もう慣れて何も感じませんか？


もしそういう気持ちがあるのなら、それはまったくの正常です。愛を見失った今の時代で、愛がないのが普通になり、生き抜くために麻痺させ慣れていくしかなかったのです。

だけど本当は、嘆いてもいい。悔しがってもいいのです。こんなの変だと腹を立てていいのです。寂しいと泣いていいのです。もう無理だと、助けを求めていいのです。


本当に満足していないのに、満足したふりをしなくてもいい。楽しくないのに、笑わなくてもいい。特定の誰かにではなく、あなたの世界に、訴えるんです。

聖書には「求めよ、さらば与えられん。尋ねよ、さらば見出さん。叩けよ、さらば開かれん」（『マタイ伝福音書』）と書かれていますが、現代の〝真に求める〟とはまさにこのことです。


愛を求めてください。

愛は、感情を超えています。

愛は、恋人や夫婦、家族の関係性からくる〝愛情〟とも違います。

愛とは、求めたとき初めて、人生に訪れるギフトです。

自分の中にある愛を発見してください。

名前と顔が一致していない人を探すのは不可能ですが、一度でも紹介されるとその人を見つけることができます。そのように、愛も一度知ると、それからは見つけ出すことができるのです。

そして何が愛で、何が愛ではないのか識別できるようになります。

愛は永遠に尽きることのないもの

この世界に存在する問題の本当の根源は、社会の仕組みやシステムではありません。

愛の枯渇《こかつ》から、他者や他国、他の企業、社会とのエネルギーの奪い合いが起きています。

もし私たちが愛を見つけることができたら、違うものからエネルギーを取る必要がなくなるのです。他者や社会とのエネルギーの奪い合いがなくなり、愛を分け合うことが始まります。

そして、愛は分け合うほど、減るのではなく増えていくのです。

人間の生きる真の目的とは、気分よく生きることでも、心地よく生きることでも、一時的な幸せを求めて生きることでもありません。

また苦しみや嫌悪、つらさや不幸の中を生きることでもありません。

真の愛を知ることです。

誰もが幸せになりたいと願っています。

それは可能です。

この世界には愛が存在しているからです。

真の幸福は、真の愛を知ることから始まります。

そして愛は、常にあなたを招待しているのです。

求めなさい。私たちからドアをノックするのです。

必ず愛は応《こた》えてくれます。

愛は待っています。あなたを早く幸せにしたくて、あなたの人生にやってくるその機会を、今か今かと待っています。

私たちは決して一人ではありません。

第 3 章

すべてがうまくいく法則

究極の宇宙法則「受け入れの法則」とは？

山川　紘矢

最高の波動を持つ「受け入れの法則」とは？

「受け入れの法則」とは何なのでしょうか？
実はまだ、誰もよく知らないのです。
まだまだ、できたてのほやほやの言葉だからです。
数年前、ぼくたち、あっちゃん、こうちゃんは40歳以上も年齢のちがう、ピッカピカのふたごのスピリチュアリスト「あーす・じぷしー」と出会いました。なほちゃんとまほちゃんです。

「あっちゃん」「こうちゃん」というニックネームは、ふたりが付けてくれました。ぼくたちはとても気に入っています。

ぼくたちシニア夫婦は、この若いふたりととても気持ちが通じ合いました。そして、交流が始まりました。

ふたりは、ぼくたちの訳した『アウト・オン・ア・リム』や『アルケミスト』、『聖なる予言』を読んでくれていたのです。

「受け入れの法則」とは、彼女たちといろいろ話し合っていたときに出てきた「新しい言葉」です。**ただ、すべてを「受け入れること」によって素晴らしい世界に生きられるとわかって**、それを「受け入れの法則」と名付けました。

最初、ぼくたち4人は「引き寄せの法則」について考えてみることにしていました。でも、話しているうちに、それよりももっと素晴らしい法則があることに気がついたのです。

すべてがうまくいく宇宙の法則

「受け入れの法則」にしたがうと、すべてがうまくいくようになっていきます。

「引き寄せの法則」をマインドレベルで意図的に使わなくても、自分がワクワクすることをして、自分が楽しみ、喜び、自分の波動を上げながら、「自分が何ものであるか」を知っていけばいい。

そして、自分の存在の価値を認めて、自分を好きになって、自分を愛して、本当に好きなことを見つけて、それを仕事にして、人生を楽しんでいけばいい。

それと同時に、自分を知ることがとても大切。それは究極的に、神を見つけることにつながっているからです。

もし、あなたが神を見つけたかったら、自分の外側ではなく、内側を探しましょう。するとと、本当の自分が見つかり、驚いたことに、なんと本当の自分は神だとわかるのです。

本当の自分を探す旅のことを、ぼくはスピリチュアルな旅だと言っています。それ

は、実は**神をさがす旅**なのです。

神は自分の中に見つかるのですから、いちばん近くにあるということになります。

『アルケミスト』の主人公サンチャゴは宝ものを探して旅に出ます。果たしてどこで見つけたのでしょうか？

旅を続けるうち、彼は魂を見つけ、愛を見つけ、神を見つけ、ある時点から人生のすべてがうまく展開していくようになります。宝ものは自分の中にあったことも知りました。

すべてがうまく展開していくようになることを、ぼくたち夫婦は「円滑状況に入る」と言っています。

これからもっと多くの人々がそのことに気がついていくことでしょう。

地球全体の波動が上がっているからです。目覚める人がますます多くなります。

今、集団覚醒の時代がやって来ているのです。

ぼくたちが目覚め、自然体で生きていくようになれば、すべてはうまくいくようになっていきます。

多くの人が目覚めれば、地球上の自然破壊も止《や》み、戦争も飢餓もなくなり、愛と平和な社会が生まれることでしょう。ぼくはそう信じています。

あーす・じぷしーは「それが人間としてごく普通のこと」と言っています。

「若い人たちはすごい！」と、ぼくたち夫婦は驚きました。なほちゃん、まほちゃんだけではありません。今、意識の目覚めた素晴らしい若者たちが、どんどん生まれているのです。

「引き寄せの法則」よりもなぜ波動が高いのか

受け入れの法則とは、エゴを手放して愛を知ること、愛を生きることです。

引き寄せの法則より、波動が高いと言えるかもしれません。

引き寄せの法則も素晴らしい法則ですが、その段階まで来たら、次は受け入れの法則を学んでいただきたいと思います。

すごく楽しいですよ。

受け入れの法則は「愛の法則」だと、ぼくたち4人は気づいています。


「愛の波動」を高めよう。

そうすると、すべてがうまくいくようになります。


受け入れの法則を知るうえで大切なことがいくつかあります。

まず、何を受け入れるのでしょうか？

それは**自分、愛、運命、神、そしてすべて**です。

抵抗するのをやめること。

中でも大切なことは、自分を完全に受け入れたとき、ぼくたちは楽々とすべてを受け入れられるようになるということです。

ですから、**自分を受け入れることがいちばん大切**と言えるでしょう。

人生には次々と問題が起こってきます。

でも、それは自分を学ぶために起こっているのです。

まず、第一に気づかなければならないのは、自分がすべての問題を引き起こしているということです。

問題の張本人は自分だと気がつかなければなりません。

他人のせいでも両親のせいでもない、社会のせいでも時代のせいでもありません。

これは、とても重要なことです。

自分の人生のシナリオを書いてきたのは自分なのです。

受け入れの法則13のポイント

では、「受け入れの法則」を知るうえで大切なことを取り上げてみたいと思います。

13項目について書いてみます。ただ、これらはすべてつながっていますから、ひとつふたつわかり始めると、全部がわかってくると思います。

難しいことではありません。

1 本当の自分を知る

本当の自分って何でしょうか？

人は、マインドとボディとスピリットの3つからなっていると言われています。

マインドとは、頭脳と心のこと。

ボディとは身体のこと。

そして、スピリットとは日本語では「霊」、あるいは「魂」と言われています。「意識」とか、「ハイヤーセルフ」と表現される場合もあります。

多くの人が自分の頭と身体を自分だと思っています。

しかし、本当の自分とは「魂」なのです。肉体は120年もたてば、消滅します。

しかし、肉体は消滅しても、魂は存続します。

魂はエネルギー体です。死にません。魂は神の一部なのです。

「人は死なない」「魂は永遠の存在」「魂は神とひとつ」、などという言葉を聞いたことがあるかもしれません。

本当の自分は、魂です。魂は輪廻転生《りんねてんしょう》を繰り返します。この地上で解脱《げだつ》するまで、何回も何回も生まれ変わっているのだと、ぼくは思っています。

2 自分を受け入れる

受け入れの法則で一番大切なことは、自分を受け入れることです。自分の存在そのものを受け入れます。

私たちは自分で選んで、この地球に生まれてくるそうです。どんな自分でも受け入れましょう。それができれば、人生を受け入れることができます。

これが受け入れの法則の要点です。

3 自分を愛する

自分を愛していますか？

自分を愛することができれば、人生は自然にうまく展開していきます。自分を愛する人は人から愛されます。

自分を愛せない人は、なぜ愛せないのか、子ども時代を思い出してみましょう。虐待されましたか？　十分に愛される環境ではなかったのですか？

「自分を愛せない」と気づいたときは、自分を認めて愛することを目標に、最大の努力をしましょう。自分をゆるし、ほめるワークをしましょう。
「自分ほめ日記」というものがあります。毎日、毎日、自分をほめる日記を書きます。
書いていると、自然と自分を愛せるようになるでしょう。

4 自分を大切にする

自分を大切にしていますか？
自分の喜ぶことをしていますか？

自分の身体を大切にしていますか？

自分がワクワクすることをしていますか？

栄養バランスのよい食事をしていますか？

自分を第一にしていますか？

自分より他人や世間を大事にしていませんか？

十分に自分の身体を休ませていますか？

自分に厳しすぎるということはありませんか？

5 自分を好きになる

自分のことが好きですか？

「自分なんかダメだ」と言ったりしていませんか？

自分を一番好きになってください。

自己評価を高めてください。

自分をほめましょう。いつも１００点満点をあげましょう。**どんな自分だって、１００点満点です。**

6 ワクワクすることをする

毎日、楽しいことをしていますか？

あなたが好きなことは何でしょうか？

好きなことは人によって違います。あなたがワクワクすることをしましょう。

歌うこと、おどること、旅をすること、自分に似合う服を買うこと、友達と一緒に笑うこと。子どもと遊ぶこと、恋をすること、追っかけをすること。

自分がワクワクすることが何かをノートに書き出してみましょう。

7 愛を知る

あーす・じぷしーと話していたとき、「愛を知ることが一番大切だ」という話になりました。

愛にもいろいろあります。

でも、**一番大きい愛を知りましょう**。

男女間の好き嫌いの愛よりも大きいもの、兄弟愛よりももっと大きいもの、母子間の愛よりももっと大きな愛があります。それはアガペの愛と言われています。

アガペの愛は神の愛。**この宇宙全体が愛でできている**、というほど大きな愛です。

私たち一人ひとりも愛の存在です。愛でないものはない、というほど大きな愛です。

あなたの存在そのものが大きな愛だと気づいたら、それは素晴らしいことです。

もし、すべてが愛であるとわかったら、あなたの人生はまったく変わるでしょう。

8 信心深くなる

ぼくは「神さまなんていない」と思って40代まで生きてきました。

「自分は自分の力で生きている」と思っていました。今は、「すべては神さまのおかげだ」と思っています。

宇宙は神だと知っています。

自分も神だと知っています。

ということは宇宙も自分もすべての生きもの、**すべての命は神**だと思えるようになりました。

無神論者の自分が変わりました。そして今では、とても信心深くなりました。

人生は素晴らしい、生きていることは素晴らしい、また死んでも大丈夫だと思えるようになりました。

ぼくの口ぐせは、「神さま、ありがとう」です。

9 マインドではなく、魂のレベルで生き始める

マインドとは頭と心のこと、ぼくたちが思考している場所です。

マインドもとても大切な役割をしてくれているのですが、自分は頭脳だと思って、マインドに主役の座を奪われている人がいます。

でも、思考はエゴです。

エゴの問題は欲ばりなことです。エゴは満足を知りません。恐怖に基づいて生きています。

エゴに翻弄《ほんろう》されないようにしましょう。

本当の自分を主人公にしましょう。**魂のレベルで生きること**です。頭ではなくハートで生きましょう。

ハートで生きるとき、人は愛から生き始めます。

10 頑張るのはやめて、リラックスする

リラックスすると、直感がやってきます。

直感は神からのメッセージです。

競争するのはやめましょう。人を批判したり、悪口を言うのをやめましょう。人はみんな自分に必要なこと、最適なことをやっているのです。それぞれが生まれてくる前に書いたシナリオに従って生きているのです。

人には愛を送ってあげればよいのです。受け入れの法則は、どんな人もそのまま大きな愛で包んであげることなのです。

11 ワンネスに気づく

すべてはひとつです。私たちはみんな、つながっています。そして偶然はありません。

私たちはみんな同じもの、原子からできています。

愛とは、原子の周りを回っているエネルギーのことだと考えるとわかりやすいかもしれません。

そうです。すべては原子からできているのですから、すべては愛からできていて、ひとつということです。

12 競争しない助け合う社会をつくる

受け入れの法則がわかってくると、もう競争しなくてもよいとわかります。

すべてはひとつ、しかもすべては愛の世界だとわかるからです。

今、人間は互いに助け合い、富や智慧を分かち合い、協力し合って生きていく方向に進んでいます。人類の新しい時代、覚醒の時代がやってきているのです。

やがては核兵器も必要なくなるでしょう。恐れによって生きることをやめるからです。人々は助け合って平和な世界をつくれるのだと、魂のレベルでわかり合うからです。

13
「自分の人生のシナリオを決めて生まれてきている」と知る

最近、「人は生まれる前に人生のシナリオを決めて生まれてくる」と言う人が増えてきたように思います。

大変な人生を送っている人も、自分でシナリオを書いてきたと気がついたなら、**いつでも自分のシナリオは自分で書き換えられる**はずです。そして、自分の人生を自分の力で素晴らしいものに変えることができるでしょう。

人生はただ幸せに、歌って、おどって、笑って、楽しんで、ありのままの自分を受け入れて、本当にやりたいことをして生きていけばよいのだとぼくは思っています。

生まれてきて、あなたに出会えて、本当によかったと思います。

この本を読んでくださっている方に愛を送ります。

なほちゃん、まほちゃん、磯崎さん、そして、あっちゃん、そして自分、つまり、こうちゃんにもありがとう。

第 3 章

すべてがうまくいく法則

第4章

自分を受け入れる

自分の世界に責任を持つと人生がうまく回り始める

山川　亜希子

人生を変えた「受け入れの法則」

「受け入れの法則」について話そうと思うとき、最初に思い出すことがあります。もうずっと前の話です。当時、私はアメリカに暮らしていて、ある気づきのセミナーを受講していました。その講師にとても素敵な男性がいて、ある晩、講演を聴きました。

その中にひとつ、心に残る話がありました。

彼はセミナーの人気講師でしたから、かなりの高給取りだったにちがいありません。でも、彼は不満を持っていました。

「こんなに一生懸命働いているのに、十分にもらっていない。家族にもっと豊かな生活を与えたいし、自分ももっとやりたいことがあるのに、この給料ではやっていけないじゃないか」と、ずっと思っていたそうです。

あるとき、彼は賢人の話を聞きました。賢人は言いました。

「あなたの人生に現れるもの、あなたの世界に存在するすべての物事に、あなたは責任がある」

彼は「まさか！」と思いました。

自分の生活や行動、少しゆずって家族の人生には責任はあるかもしれない。

でも、社会で起こっているもろもろの事件や問題や、世界のどこかで起こっている戦争が自分の責任とはとても思えない。

そんなはずがない。自分はそんなことまで、すべてを正しくコントロールしていくことはできないのだから。

でも、あるとき、ふっとわかったのです。

そうか、ぼくはすべてに責任を持っているのだ。自分の世界に現れてくるものは、すべて自分の一部なのだと。

それは理屈ではなく、深い気づきだったのでしょう。

そう思ったとたん、彼の人生がすべて変わったそうです。

それまで不満だった給料も、なぜか十分になりました。感謝をもってそのまま受け入れられたのです。

すると、どうでしょうか。

彼はそれまで「お金が足りない、足りない」と思って暮らしていたのに、不思議に自分が望んでいることが全部できるようになったばかりか、いつも家族みんなが楽しく、明るく幸せに過ごせるようになったのです。

　この話を聞いたとき、なぜかわからないけれど、私はそのとおりだ、と思いました。

そして、とてもワクワクしたのを覚えています。

まだ精神世界について何も知らないころでした。でもなぜか、**「自分の世界に全責任を持つ」と決めたとき、人生がうまく回り始める**ということに合点がいったのです。

それからすでに35年たちました。今でも彼の話が心に残っています。

そして、今はもっとはっきり、「自分の世界はすべて自分の責任だ」と思っています。**これって、結局は受け入れの法則です。**

責任というと、普通はとても重く感じますね、

それは、私たちが「何か大変なことをすること」が責任だと思っているから。

この話をした講師は、「責任」と言うとき、ふたつの言葉を使い分けていました。

ひとつはresponsive、もうひとつはaccountableです。

responsiveは、たとえば「何か起こったときには私が責任を取ります」と言って会社を辞めたり、問題を処理したりするときに使われる感じの意味合いです。

一方、accountableはもっと抽象的で、「自分の世界に起こるあらゆるものごとは自分がつくり出したものだ。すべては自分の中、自分の範囲内にあるのだ」という感覚で使われていました。そこにあるすべてをそのまま、そっと抱きしめる感覚でしょうか。

そのときは、「もし私が十分に強力な愛を発していれば、たぶん世界には戦争はなくなるのだろう。でも、私はそうしていない。そのために、世界にはまだ戦争があるのよね。だから私には責任があるのだ」と思いました。

「自分の世界に起こるすべてに、自分は責任を持っていると認識すること」が、なぜ受け入れの法則かといえば、それは**「すべてを自分のこととしてそのまま受け入れること」**を意味しているからでしょう。

「意識が世界をつくっている」という気づき

この話を聞いたころ、私は人生の大変化を体験していました。それは生まれ変わる体験と言っていいほど衝撃的な変化でした。

この話を聞いたときからさかのぼること1年ほど前まで、私は自分が大嫌いでした。

でも、そのことに気がついていませんでした。自分を好きか嫌いかなど、考えたこともなかったのです。

ただ、「なぜ、自分は他の人のように元気に陽気に過ごすことができないのかなあ」と悩み、「こういう暗い性格だからしかたない。性格は一生、変えられない」と思っていました。

自分が自分を嫌っていることに気づいたのは39歳になったころ、きっかけは気づきのセミナーです。

その半年ほど前に、夫が「英語の勉強になるから」と言ってそのセミナーに参加しました。それをきっかけに、彼は人間的にどんどん成長し始めました。

そして、彼や彼と一緒に受講した人がどんどん美しくなるのを目撃し、私が尊敬していた上司がそのセミナーの卒業生だったことを知って、8カ月後、私も参加することにしたのです。

仕事の合間をぬって5月の連休中、夫が単身赴任していた神戸で5日間の体験型セミナーが始まりました。

2日目、「ふたり一組のゲームをするから、パートナーを探して」と講師が言うと、私がうろうろしているうちに、他の人はみんなパートナーを見つけて、私ひとりが残ってしまいました。それも、同じことが続けて5回も起こったのです。

私の頭は真っ白。「みんな、私のことが嫌いなのだ」と思いました。

そして、そのまま会場を飛び出して、最終の新幹線に飛び乗り、東京へ帰ってしまいました。

でも、なぜか新幹線の中でずっと、「このセミナーが私を救ってくれる。でももう、飛び出してしまったから戻れない」と思っていました。

自宅に戻った私は、まんじりともせずに、「私は助けてもらうチャンスを自分でつぶしてしまった。もうダメだ。これからは生きたしかばねとなって、うつむいて生きていくしかない」と決心するほどの苦しみを味わっていました。

自我の死を体験したのでしょう。

でも翌日、神戸から駆け付けてくれた夫に、なぜか結婚して15年間に積もり積もった不満や怒りをぶちまけているうちに、ふっと何かが変わりました。もうどうでもよくなり、気持ちがすっかり明るくなったのです。

今まで真っ暗な樽《たる》の中に閉じ込められていた自分が、樽がこわれて明るい世界に飛び出したかのようでした。

そして、周りが5倍くらい明るくなったように感じました。花を見ると、今までにないくらい、色鮮やかに美しく輝いていました。空も町も人々も、見るものすべてが美しく変わっていました。

最近、よくパラレルワールドの話を聞きますが、あのとき私は、ぱっと別の世界に移行したのかもしれません。

自分の見る世界、感じる世界がすっかり変わり、当たり前だと思っていたことが当たり前でなくなり、それまで許せなかったことが急に許せるようになり、すべてが美しく見えるようになったのです。

人はそれぞれ、自分の世界を自分でつくっています。

そしてそれは自分が持つ意識、**波動によって決まる**。だから、それぞれの世界はまったく違います。そして思いや意識が変わると、住む世界も変わってしまう。それを私はこのとき、何もわからないながら体験したのでした。

自分を愛せるようになったら、問題はなくなる

その後すぐに夫の転勤で、アメリカの首都ワシントンDCに引っ越しました。

ある日、友人のデイビッドが会いに来てくれました。初夏の夕方、私たちは家の前でビールを手に、人生について語り合っていました。

そのとき、「自分を100パーセント愛するようになったら、君の世界には何ひとつ問題はなくなるのだよ」とデイビッドが教えてくれたのです。

そんな話はとても信じられなかったけれど、その夜、自分が自分をどう思っているのか、本気で見つめてみました。

するとびっくりしたことに、自分を100パーセント、いや200パーセント嫌っていることに、初めて気づいたのです。**性格、容姿、行動、何もかもが大嫌いでした。**

さすがに、「困った。これでは人生があまりうまくいかないのは当然かもしれない」と思いました。

それまでの私は、世間的にはむしろ、いわゆる勝ち組の人生を送っていました。豊かな家庭に育ち、よい大学に進み、人もうらやむ大蔵官僚と結婚し、外国生

活を体験していたのですから。

でも、心の中はいつも不安でした。何かひとつつまずくと、ひどく落ち込みました。そしていつも、「私なんて」「どうせ私は」という言葉が口から出ていました。いつもおどおどして、自分の居場所がわからなくて、心は常に怖れでいっぱいだったのです。


自分が大嫌いだとわかった私は、そのとき、決心しました。

「自分を好きになろう。愛してあげよう」と。

なほちゃんの言うＹＥＳという言葉を使うなら、自分に１００パーセント、ＹＥＳと言ってあげよう、と決めたのです。


そのころ、私は日本で受けた気づきのセミナーをアメリカでも続けて受講していました。１９８０年代当時、とても流行っていた「あなたは誰？」「あなたの思い込みは何？」「あなたは何がしたいの？」と問いかけて、本来の自分を取り戻す体験型セミナーのひとつです。

自分自身を見つめなさい。

自分の行動、思考、教え込まれた概念を見つめて、それを手放しなさい。光そのもの、ダイヤモンドそのものであるあなた自身に戻りなさい。

そのとき、私たちは本当の意味で自分自身を生き始めることができます。

そして、「あなたはすべてを知っています。そのことをいつまで隠しているつもりですか?」という横断幕が会場にはいつも張られていました。


デイビッドに自分を愛する大切さを教えられて2カ月たったころ、私はセミナーの上級コースを受けました。

3日目くらいだったでしょうか。「あなたの秘密は何ですか?」というワークがありました。

全員で輪になって座り、目を閉じます。そして心の中に分け入っていって、自分が秘密にしていることを見つけます。

私はそのゲームに没頭しました。そして何回か小さな秘密を思い出しては発表しているうちに、突然、ぱっとひとつの強い衝撃的な思いがわき上がってきました。いや、心の奥底に隠れていた「思い」を見つけたのです。

「私は、自分は生きていてはいけない、と思っています。価値がない人間だと思っています」

そう口にしたとたん、「ああ、やっと見つけた」と思いました。

同時に涙が溢れ、身体全体がふるえ始めました。そして、ゲームが終わるまでずっと泣いていました。

やっとわかったのです。自分を無価値な人間だと思っていたこと。だから、生きてはいても、心から楽しいと思えなかったこと。いつも自信がなかったこと。人が怖かったこと。

人生がうまくいかない原因をやっと発見したのでした。

自分の価値は自分が決める

そんなふうに思っていたのは、私が戦争中に生まれた、家で3人目の女の子だったからです。

「また女の子が生まれたので、みんながこんな子はいらないって言ったのよ」と、私は物心ついたころからずっと、母から言われていました。

当時は社会全体が戦争に行ける男の子だけを欲しがっていました。特に私の家族は、家を継いでくれる男の子がどうしても欲しかったのです。

「自分は女の子だからいらない子なのだ」と、私は母のお腹の中にいるときから思っていたのかもしれません。予定日よりも2カ月も早く生まれた未熟児でした。

その後、私は家族みんなから愛され、大切にされて育ちました。でも、「私はいらない子だ」という思いは、ずっと消えなかったのでした。

そのためでしょうか、おとなしい子どもでした。

ところが小学校4年生のとき、初めて担任の先生にほめられました。「なんて気持ちいいのだろう」と思いました。そのとたんに優等生になり、それからは人にほめられようとして、必死で努力する人生になりました。

成績がよいと先生や親にほめられて、気持ちよくなりました。

就職すると必死で働き、「あの人はよくできる。役に立つ」と上司にほめられて、やっと自分をゆるせました。

人に高く評価されることで、なんとか自分も少しは価値があるのだと思えたのです。

だから、反対に少しでも評価が低くなると、自分は価値がないのだ、と落ち込みました。なんとか評価されたくて、毎月100時間残業して、身体や心を壊しかけたこともありました。でも、それしか、私にはできなかったのです。

これはとてもつらい生き方でした。

だって、**自分の価値を人の評価で決めるなんて、うまくいくはずがありません**。人は勝手にあなたを好きになったり、嫌いになったり、高く評価したり、ダメなやつだと打ち捨てたりするのですから。

さらに、自分を嫌い、価値のない人間だと思っていると、人からもそう思われがちです。逆に、「自分は素晴らしい」と思っている人は、他人からもそう見られます。

だから自分が嫌いだと、人に好かれ、高く評価されるために必死の努力が必要になります。そして、最後は討ち死にする。私はずっとそれを繰り返していたのでした。

その日はまさに、私の新たな誕生日でした。私のボトムライン――人生を規制し、本当の意味で生きることを不可能にしていた思い込みをやっと見つけたのですから。

あとは、それを完全に捨てればよいだけでした。

この発見のあと、私の毎日が変わり始めました。まず、ずっと習いたかったリコーダーを習い始めました。

私にふさわしいボランティア活動を探し、高校生の海外留学を援助する団体やスミソニアン博物館でお手伝いを始めました。夫の職場の世界銀行にはＷＩＶＥＳという、世界各国からやって来た職員の奥さんを手助けする組織がありましたが、そこにも参加して世界各国の女性たちと仲良くなりました。

私はやっと、自分を楽しめるようになったのです。

アメリカで過ごした3年間は、まるで楽園にいるようでした。桜やアメリカハナミズキやレンギョウが咲き乱れる美しいワシントンの春。見事な紅葉の秋。そしてチェビーとキッシーという、わが家の愛らしいワンちゃん。毎日がまさに光り輝いていました。

女性エネルギーと男性エネルギーのバランス

「自分は価値のない人間だ」という思いを持っているのは、私だけではありません。特に同年代の女性には、同じような思いを持っている人が大勢いました。日本社会全体が「男の子しか価値がない」と信じていたからです。

そして世界を見渡しても、歴史を通して男性優位が続き、女性は十分に認められてきませんでした。

「男尊女卑《だんそんじょひ》」という言葉があります。男は尊く、女は卑《いや》しい、という信念のことです。

この社会的な信念は女性性と男性性のバランスをくずし、戦争や競争の多い社会、声の大きな人たちが勝つ世界をつくり出しました。

愛と平和の世界をつくるためには、男性性と女性性の関係がもっとバランスよくなることが大切です。

それには、女性が自分自身の尊さに気づけばよいのです。

女性である自分を祝福し、自分が持つ受容や慈《いつく》しみの心、そして何よりも深い愛をもっと育てていけばよいだけなのです。

同時に、男性は自分の女性性に目覚め、大切にすることを学びましょう。すると、ここに生きる意味、自分や人々に対する深い愛に目覚めていきます。

そして、男性でも自分を嫌っていたり、価値のない人間だと思ったりしている人はたくさんいます。自分をもっと愛し、大切にすることは、男女を問わずとても大切なことであり、愛と平和へ、地球を変えていくための必須事項なのです。

『アウト・オン・ア・リム』、そして精霊との出会い

そんな幸せな毎日を過ごして2年たったころのある日、夫が興奮して私に1冊の本を手渡しました。ハリウッド女優シャーリー・マクレーンが書いた『アウト・オン・ア・リム』(シャーリー・マクレーン著、山川紘矢、山川亜希子訳　角川文庫)です。ぶあつい本をあっという間に読んでしまった私は思いました。

「ここに書いてあることが真実なのだ。そして私が知っていたことだ」

この本は精神世界の入門書でした。シャーリーの体験を通して私たちが知るべき精神世界、スピリチュアルな世界に関することが網羅的に書かれていました。

知らないことばかりでしたが、**書かれた言葉、意味、内容がハートに直接飛び込んできました。全身がふるえ、反応し、本の内容が自分の一部になったかのようでした。**そして自分の住んでいる世界が大きく広がり、変わってしまったのです。

輪廻転生、天使や精霊、人間は神の一部であること、今はみんなが目覚めなくては

いけないとき、宇宙からの使者が私たちに真実を教えに来ていること、そのようなことをシャーリーは物語っていました。当時は、そのようなことを話すと、変人扱いされかねない時代でした。

でも、私は知っていました。彼女の言うことは本当であり、私たちはそのことを知らなければならないこと、いや自分の中にそれらすべてがあって、それを自分で見つければよいことを。

ワクワクしました。まさにやっと、宇宙の真理を見つけたのです。

使命を受け入れると宇宙の流れに乗る

特に惹《ひ》かれたところは、シャーリーがペルーの山奥で自分の使命を受け入れるところでした。

彼女はガイド役のデイビッドに言われます。

「君は世界中の人々に見えない世界があること、人は神であることを知らせる役目を持っている。本を書くのだ」

最初、シャーリーはとてもそんなことは受け入れられませんでした。

それまでのキャリアを失うかもしれない。自分の体験を人に話す勇気などない。そんな恐ろしいこと、自分には無理。

でも、ペルーの大自然の中をさまようちに、ふと啓示を受けたかのように、彼女は運命を受け入れました。そして、そのときから、大きな宇宙の流れに乗り始めたのです。


その直後、私は友達からアレキサンダー・エベレットのセミナーに誘われました。友達が言うには、「とてもスピリチュアルなセミナーなのよ」。

「スピリチュアルって何？」

「スピリチュアルはスピリチュアルよ」

わけもわからずに当日、会場に行くと、なんと、ほとんどの参加者の椅子に『アウト・オン・ア・リム』が置いてありました。

そのセミナーで、アレキサンダーは輪廻転生、精霊、宇宙や神とつながる必要、愛と平和、覚醒など、大切なことを朗々と物語ってくれました。彼の声と話は私の魂に向かって矢のように飛び込み、心を押し広げました。

そして、彼は宇宙とつながる手段として、瞑想を教えてくれました。その日から1

年間、私は毎朝、15分間瞑想を続けました。

すると**毎日、自分が変わっていくのを感じました**。自分が確かになっていく。明晰《めいせき》になっていく。自信がつき、恐れが減っていく。初めての人と気楽に話せるようになるなどなど。

日々の生活に活気と自信がもたらされ、感覚が研ぎ澄まされていったのです。

一方、夫はアレキサンダーとの出会いによって、自分が生まれてきた目的に気づきました。

アレキサンダーが「ぼくの今生の使命は、2000年までに地球を愛と平和の世界にすることだ」と言ったとき、夫は「自分もそうなのだ」と悟ったのです。

それを聞いて、私は思いました。

「ふたりはそうかもしれない。でも、私はそんな大きなことをするために生まれてきたとは思えない」

まだまだ私は自己評価が低かったのでしょう。

自分の使命を悟った夫は、私に言いました。

「ぼくはシャーリーの本を日本語に訳して出版したい。日本人に読んでほしいから」

そのときから、物事が不思議にスムースに動き始めました。

まず、日本の出版社を紹介してくれる人が現れました。その出版社に電話をすると、「面白いですね」と反応してくれました。そして間もなく、彼らは版権を手に入れ、私たちに訳してほしいと連絡してきたのです。

私は夫に「後半を訳させてね」とお願いしました。ふたりとも本の翻訳は初めての経験でしたが、3カ月で終わらせることができました。

翻訳していると、スピリチュアルな用語などわからない言葉もいっぱいあるし、内容も結構難しい。**でも不思議と、言葉が飛んでくるような感覚で進められました。きっと、自分たちを超えた力が働いていたにちがいありません。**

1985年7月、夫の任期が終わって帰国することになりました。その直前の6月30日、アレキサンダー・エベレットの講演会が再び開かれて、私たちも参加しました。そこで、彼にもう一度、問いかけられました。

「私たちは一人ひとり、人生の目的を持って生まれてきている。それは何だろうか？　それを思い出してほしい。私の使命は2000年までに地球を愛と平和の世界にすることだ」

その言葉を聞いたとたん、わかりました。

「なんだ、私も同じだった。地球を愛と平和の世界にするために生まれてきたのだ」と。

それは疑いようのない確信でした。気持ちがすっきりし、うれしさでいっぱいになりました。

私はやっと自分の生まれてきた目的を見つけ、受け入れたのです。

でも、これって実は、地球にいるすべての人たちに共通の目的なのです。

特に今の時代、私たちはみな、そのために生まれてきているのです。

天界からのお誘いを受け入れる

自分の使命がわかったとたん、もっとすごいことが起こりました！

翌日、いよいよ住んでいた家を出る日のことです。家の最後の掃除をしていた私に夫から電話がありました。

「面白いチャネラーがいると友達が教えてくれたので、夕方、その人に会ってくる

ね」

そして夕方、夫が汗びっしょりになって帰ってきました。そして、そのチャネラー、リア・バイヤースを通して、精霊が語ったことを話してくれたのです。

「あなた方は『アウト・オン・ア・リム』を訳しましたね。あの本は、世界中の人を覚醒させるための大切な本です。私たちがシャーリーに書かせました。そして、あなた方ふたりに日本語に訳してもらったのも私たちです」

「今、地球は自分勝手な人間のために危機的な状況にあります。地球を救うためには、人間の意識を変え、覚醒させる必要があります。

そのために、宇宙のありとあらゆる存在が人間に働きかけています。でも、地球に住む人間にも協力してもらいたいのです。

あなた方も協力しませんか？

もちろん、断ってもよいのですよ」

これは本当のことにちがいない。その話を聞いたとたん、私は異次元の世界に足を踏み入れたのでした。目に見える情景は今までと同じでしたが、その向こうに広大な世界が広がっていました。そして、その奥にある何かのほうが真実の世界なのだと感じました。

前日の気づきも偶然ではなかったのです。精霊の言葉はまさに、「愛と平和の世界にするために働いてください」という招命だったのです。

もちろん、私たちは「はい、喜んで協力します！」と答えました。

今では、多くの人が意識の目覚めを体験し、目に見える世界だけでなく、その向こう側にある愛と光の世界の住人になり、その数はどんどん増えています。

そして向こう側の愛と光が目に見える世界に流れ込み、さらに人々の意識を愛の方向へと誘っています。

精霊とつながり、チャネリングを始める

数日後、帰国した私たちは、精霊に言われたとおりに人々の意識を変えるお手伝いを始めました。

どうすればよいのかわかりませんでしたが、まずは本を読んで勉強し、そこで知った精神世界のグループや先生を訪ねました。

少し、日本の精神世界の状況がわかり始めたころ、リア・バイヤースを日本に招きました。そして彼女にずっと付き添っていた私は、同じように精霊からメッセージを受け取れるようになりました。

サンジェルマン、聖フランシスコ、イエス、この3人の精霊が私を導いてくれました。

まだ精神世界の本もほとんどなかったその時代、精霊は家庭教師のように、毎日、愛の世界について教えてくれました。

彼らのおかげで私は宇宙の真理や叡智を学び、宇宙的な存在を自分の内に感じられるようになりました。精霊は外にいるように感じていましたが、私の内にもいること

もだんだんわかってきました。そして、宇宙と一体化した自分を感じ始めたのです。

私は、人間はみなチャネリングの力を持っていると思います。私たちは神の分身であり、神そのものなのですから、**本来の自分に戻れば、神の智慧はそこにある**のです。

そして、宇宙はすべての人に愛と智慧を降りそそいでいます。

でも、多くの人がそのことに気づいていません。それは、宇宙の智慧よりも、社会の常識や思い込みのほうが正しいと信じているので、ちゃんと受け取っていないというだけのことです。

でも、世界は変わりつつあります。地球の波動が上昇し、私たちの波動も高くなるにつれて、宇宙からのメッセージを受け取り、それにのっとって生きる人も増えています。

自分に100パーセントOKを出す瞬間

こうしてたくさんの大きな気づきと変化を体験したおかげで、私は精神世界の本の翻訳者となり、精霊と約束した仕事を行えるようになったのだと思います。

その一方で、「自分はたいしたことがない人間だ」という思いがどうしてもまだときどき、浮かんでいました。そして、そう思う自分がゆるせなくて、病気になったり、目が悪くなったりしました。

デイビッドに教えてもらってから30年近くたったころ、「『自分はダメ』『私なんて』と思っては気分を害しているのは、単なる習慣、くせに過ぎないでしょ。本当のあなたはもう、自分にOKを出しているのよ」、とあるアメリカ人のヒーラーに言われました。

そのとたん、「そうか、くせなのね。だったらもう、私はこのままでよいのよね」とやっと思えたのです。

自分を100パーセントゆるし、受け入れることができた瞬間でした。

そのときに感じたのは、「ああ、やっと自分は普通の人間になれた」という思いでした。怒りや嫉妬や劣等感を持たない、健全な当たり前の人間に戻れたのです。

ねじれていた紙のねじれが取れて、平らになった感じです。そして今はとても安定し、不安のない毎日を送っています。

今、私の世界にはほとんど問題がなくなりました。

もちろん、世界にはまだ戦争があり、悲しいこと、怒りを感じるようなこともたくさん起こっています。

でも、自分の周りはほとんど、平和で愛に満ちています。そしてその範囲はどんどん広がり、愛と平和が深まっています。日々の生活はシンクロが続き、奇蹟のようなことが起こり、変化の流れがどんどん速くなっています。

でもまだ時として、どこかに残っていた自分嫌いの汚れが浮上してきて、追い出すのに時間がかかることもあります。

でも、それもまたよし。

そのあとには、魂にこびりついたホコリをはらって以前よりもきれいになった私がいるのですから。

こうして私は本来の自分である、愛そのもの、平和そのものに戻りました。

自分を受け入れ、愛することこそが、最も大切なそこへと至る道、**本来の魂そのものに近い自分になる道**なのです。そのとき人は自分の人生を生き生きと、思う存分明るく生きられるようになります。

なぜなら、神と共に生き始めるからです。

愛であり神である自分に戻った今、あなたの行動のすべてが、神との共同作業になります。神の愛をこの地上で実現する道具となるのです。

そして、それは自分の思いを実現するのと同じです。神の愛とあなたの意志はひとつなのですから。

そして今、世界はそのように変わり始めています。歌っておどって楽しく、明るく、したいことをしていく、それが神と約束した生き方だとわかった人がどんどん増えているのです。

今までとは違った生き方を自由に生き始めた人の多くは、神の愛を感じ、素直に受け入れています。それもまた、受け入れの法則の大切な一項目です。

神さまからの贈りものを受け取る

神は私たちに愛を降りそそいでいます。プレゼントをいっぱい贈ってくれます。それを拒絶せずに受け取ること、それもまた、人生を想像もつかない素晴らしいものにしてくれます。

そして流れに乗り、リラックスして、起きてくることを楽しんでください。

私の世界は私がつくり出しています。だから自分を愛したとき、私がつくり出す世界も愛に満ち溢れます。

まだ憎しみと暴力の部分が世界のどこかに存在していても、それもまた私の一部であると知って、そのまま抱きしめています。

それが、あらゆる存在や物事を愛の目で見つめ、愛を持って抱きしめる、すべてをありのままに受け入れる、ということなのでしょう。


自分を愛するようになること、それが新しい愛の世界をつくり出す鍵です。


かつて、そのことに気づく人はほとんどいませんでした。たくさんの人が自分を嫌っていながら、私と同じように気づかず、不安や怒りや哀しみを抱えたまま生きていました。

でも、今では多くの人がこの真理に気づき、自分を受け入れ、愛するようになっています。

私は30年かかりましたが、今はずっと簡単になっていて、「自分を愛します！」と宣言しただけで変わってしまう人もたくさんいます。それは、自分を愛する人が増えて地球の波動が上がり、自分を好きになるのが当たり前になっているからです。

ですから、あなたが自分を愛するようになれば、次に続く人たちはもっとかんたんに自分を愛せるようになります。

そして今、生まれたときから自分を愛することを知っている若者や子どもたちも増えています。その子たちの世界は、最初から天国です。神さまと一体化しています。

だからすぐに新しい世界をつくり出す用意ができているのです。

私たちの本質は愛そのものです。

自分が嫌いな人は、一時的にそれを忘れているだけです。

もし、平和な世界をつくりたかったら、愛そのものの自分自身をどんどん大きく広げていけばよいのです。

そう、私もあなたも、現在進行形で新しい世界をつくっているひとりなのです。

新聞やテレビのニュースを見ると、今、世界は悲惨なほうへ向かっているように思うかもしれません。でも、それはこれまでの愛のない怖れに満ちた世界、争いの世界が崩壊しつつあるからです。

その下では、愛に目覚めた人々が新しい世界を着々と構築しています。どのような世界になるかはまだわかりません。でも、内なる智慧を生かして、まったく違う世界をつくっていくでしょう。

実際に今、愛と平和の世界が初々《ういうい》しい芽を吹き始めていると思いませんか。特に20代、30代の若者たちは、軽やかで舞い上がるような感覚とエネルギーを持っています。

そのエネルギーに、私たち上の世代も実は大きな影響を受けています。そして古い思考や社会体制がくずれはじめ、そ

れに変わる新しい体制、自由な生き方がどんどん力を増しているのです。

自分を受け入れると宇宙とつながる

自分自身を受け入れると、宇宙とつながります。自分が宇宙そのもの、神そのものだからです。

自分自身を批判し、嫌っているのは、宇宙や神を嫌っているのと同じです。

『宝瓶宮福音書《ほうへいきゅうふくいんしょ》』（リバイ・ドーリング著、栗原基訳　霞ケ関書房）という面白い本があります。みずがめ座の時代の聖書です。

この本に、大好きな文章があります。

ある人が、「何について、第一に勉強すべきですか？」と覚者に聞きました。

「自分自身について学びなさい」

「では二番目に学ぶべきことは？」

「二番目も自分自身について学びなさい」

「では三番目に学ぶべきことは何ですか？」
「三番目も自分自身について学びなさい」

そう、すべては自分自身なのです。
私の中にはすべてがある。あなたの中にもすべてがある。
そして、神を学びたかったら、神である私自身について学べばよいのです。

意識を変えるためにとても大切なことは、「学びとは、自分の外側にあることを学ぶことだ」というこれまでの思い込みを捨てて、学びの目を自分の内側に向けることです。

瞑想も、いろいろな気づきのワークもそのためです。今はミラーワーク、ホ・オポノポノ、アファーメーションなど、数々の優れた手法が溢れています。

ひとりが目覚め、自分を好きになったとき、その人は大きな光を発し、世界全体を明るくします。自分の新しい世界をつくり出すとともに、全体の世界に強いインパクトを与え、他の人たちの目覚めを助けるのです。

自分を愛し、尊敬し、ゆるしましょう。
自分が愛そのものであり、魂の存在であることを知りましょう。
生も死もひとつであり、実は死というものはない。
肉体は滅びても、魂は存在し続ける。
だから死を怖れることはないのだ。死はむしろ、祝福なのかもしれない。
自分が愛であると知ったとき、生と死の意味も深く理解できるようになるでしょう。

第 **5** 章

目覚めの体験

この座談会は、『受け入れの法則』（リンダパブリッシャーズ）に収録されたものをもとに、2年経った今、伝えたいメッセージとし、加筆・修正してまとめました。

山川紘矢・亜希子　あーす・じぷしー　naho・maho

「受け入れの法則」は2ステップで進む

「引き寄せの法則」との関係は？

紘矢　「受け入れの法則」は、以前、「引き寄せの法則」について4人で話しているときに天から降ってきたものでした。

引き寄せの法則というと、一般的には「自分が〝ほしいもの〞を強くイメージすることで、意図的に引き寄せる方法」と思われがちですよね。

でも、実は自分に起こることは全部、必要なことが起こっている。言い換えると、自分の魂がその経験を通して学びたがっていたり、何かしら必要があるから引き寄せているんですよね。
だから、実は引き寄せの法則の極意は、「自分の波動を上げよう。そうすれば、その波動に合わせて、自然によいことばかりが人生に起こってくるよ」ということなんです。

亜希子　引き寄せって、本来の定義は「類は類を呼ぶ」ってことなのよね。

なほ　そう、「引き寄せの法則」っていうのは、なんでもない普通の原理なんですよね。
私たち一人ひとりの目的は、真に幸福になること。それには、自分とは何者か。何のために生きているのかを知り、そう体現して生きることになる。
「引き寄せの法則」で、束の間の幸せや目先の利益を得ても、それはいずれなくなります。「引き寄せの法則」は、当たり前の原理なだけで、私たちを真に幸せにする法則や方法ではないんですよね。

まほ　もし、「引き寄せの法則」で真の幸せを得たいのなら、心を純粋にすることが大事。
心が純粋だと、この世界の原理原則を善い目的に使えるから。心が純粋だと、本当に善いことを考えられます。

実は、私たちも最近、「引き寄せの法則」を意識して使ったことがあって。それは北朝鮮とアメリカが即発状態だったときでした（2019年2月27日の米朝首脳会談）。ふたりで目をつむって一番善い未来になるようにはっきりとイメージしたんです。

その1週間後にあの歴史的和解が起こって！　びっくりしました。しかも私たちがイメージしたよりも遥かに素晴らしい結果だったんです。

私たちが引き寄せました！　ということが言いたいわけではないですよ。私たち一人ひとりがこの世界の重要な参加者なんです。意識の世界はつながっています。もし引き寄せを使うなら、本当に純粋な、無私の願いに使うんです。

「魂の願い」は必ずかなう

紘矢　ぼくは、時期は指定できないけれど、思っていることはいつかは実現すると思っている。みんなが平和がほしければ平和な社会ができるし、天を飛びたいって思えば飛行機ができるし。

亜希子　必ず実現するのは「魂の願い」よ。利己的な願いじゃなくて。利己的な願いは「黒い高級車がほしい」とか「1億円ほしい」とか、移り変わっていくし、頭は魂のように100年とか待っていられないしね。でも魂が、あることをするために「黒い高級車が必要だ」と思ったら、きっと手に入る。お金はなくても、思いがけずゆずってくれる人がいたりして。

紘矢　「本当の願い」ってことだね。自分は本当は何を夢見ているのか、希求《ききゅう》しているのか、見つけていく必要があると思う。

なほ　そして誰でも、今与えられているものというのは、本当に自分が望んでいるものを引き寄せているんだと思いますよ。お金がない人は、お金がない状況がほしくて引き寄せているんです。

魂がその経験を通して修行しようとしているのかもしれない。

「魂の願い」は、マインドやエゴを超えたところにあるのはもちろん、さらに、私たちが「わかる。知ってる」と思えることより、もっと遥か彼方、深くにある。言葉や理解を超えたところに「魂の願い」があります。

だから、私たちは言葉や理解さえも超えた場所に、普段から意識をおいて生きる必要がある。

亜希子 結局、魂はみんな、覚醒したいだけだから。私たちはやっぱり、フワフワしているだけでは目覚めないから、いろんな問題を引き起こすんです。でも、それがチャンスなんです。

紘矢 うん、ぼくは、自分では「病気はいやだ」って思っていたんだけど、もっと上の視点から見たら、「ああ、ぼくには病気が必要だったんだ。病気を引き寄せることで成長して、ここまで来られたんだなあ」って思いますよね。失業でも離婚でも何でも魂を磨くため、勉強するために、自分で引き寄せているんですよね。

目覚めを迎えるために知っておきたいこと

◇◇◇◇「社会からの目覚め」とは？◇◇◇◇

紘矢　魂がいちばん求めていることは目覚めること。では、人は何に目覚めるのか？

「自分は何か」ということに目覚めるんです。自分は何ものか、なぜここにいるのか、何をしたいのか。死んだらどうなるのか。死とは？

「目覚める」って言葉がピンとこない方は、「幸せになる」ってことだと理解してください。目覚めたら間違いなく幸せになるから。

亜希子　そう、セットだと思いますよ。本当の意味での幸せというのは、目覚めないと、「自分が何ものか」がある程度わからないと得られないと思います。

まほ　でも、私たちは〝社会からの目覚め〟はしているけれど、悟りや本当の目覚めはまだ旅途中ですよね。

紘矢　目覚めには段階があると思います。現代はまず「社会からの目覚め」、そしてそこから、もっと深い目覚めに向かっていく。私たちはまだその途中ですね。

素晴らしい！（笑）　同時に、一番は、というか根本的にはね、やっぱり自分が自分を愛しているか、ゆるしているか、尊敬しているか、なんです。ときどきね、「日々、自分は何のために生きているのか？」って考えすぎないように、目の前の仕事に埋没している人もいるけれど、それは時間の無駄ですよ。逃げているだけだから。逆方向に進んじゃっている。

亜希子　逃げのために、仕事を使っているケースって少なくないんですよね。

亜希子　でも、すべてにはときがあるから、大丈夫なんですよね。逃げて逃げて、でも逃げられなくなるときが来てくれる。そうしたら、どうしても気づき始めるのね。

エゴは全力で「目覚めさせまい」とする

編集ー　ただ、目覚める前には、つまりすべてを受け入れて、安心・安全の感覚の中で生きる覚醒にいたる前には大きな痛みを伴うケースが多いようです。どうでしょうか。

紘矢　病気や臨死体験など、痛みを経過してから目覚めるケースは多いですよね。でもね、それは、結局、「自分と対面する」ための痛みなんですよ。

亜希子　もうひとつはね、皆、「目覚めると自分が変わってしまう」というのをどこかで知っているのね。それは本当はいい変化なんだけれど、私たちの〝エゴ（自我）〟は、「今の自分」にものすごい執着があるから変わりたくなんかないんです。

もういろんな問題を抱えて、「ああでもない、こうでもない」ってやっているもの、それ自体がエゴですよね？　そこが解消されたらエゴは消滅してしまうから、頑としてとどまろうとする。

私はずっと自分が愛せなくて悩んで苦しんでいたんですけど、その間はやっぱりそうやって苦しんでいる自分、つまりエゴにしがみついていたと思うの。「この苦しみ、このエゴがなくなっちゃったら、私じゃなくなっちゃう」と、エゴは言っていたわけですよ。

苦しみこそが自分のアイデンティティだと思い込んでいたのよね。実はそれが一番手強くて大変だった。

紘矢 大切なのは、手放すこと。

なほ 魂はいつでも進もうとするのに、エゴはとても巧妙に私たちを騙す。自分に最も必要なものを、最も危険なものにさえみせますよね。

亜希子 で、逃げるのよね。（本当に私もさんざん逃げ回ってたと思うけど――。本当に怖かった。）エゴを手放すまで、つまり自分を本当に受け入れて好きになるまでは、誰かの一言で劣等感を刺激されるたびに体がこんなになって（ふるえて硬直して）ましたよね。

紘矢 うん、すごかった。

亜希子 気づきのセミナーに初めて行く前も、8カ月間ずっと怖がってたの。でも、それが「怖がっているんだ」って、自分ではわからないのよね。「こんな変なセミナーなんてごめんだわ」と思ったりして（笑）。

紘矢　あはは、彼女は「自分はいやだって思ってる」って思ってた。

亜希子　で、相手が悪いと思う（笑）。気づきのセミナーも、彼に「どうして、そんなものすすめるのよ」って怒って。

でもね、気づきのセミナーの上級コースに進むときにもとても迷っていたんだけど、あるとき突然、「あ、なんだ、私、このコースに行くことになっているんだ」ってわかったの。それは、「すべては最初から決まっていて、私はそれを見つけるだけなんだ」という感覚が初めて強烈に訪れた経験でした。

それ以来、決められなくて心が揺れても、その振り子がいつか絶対に「ここ」って止まるべきところに止まるようになっているって確信しているの。だから、揺れている間はあせらないし、「えい」って決めてしまうこともあまりない。たとえそうしても、「どうせ決まっているところに行くんだよね」って思ってる。

紘矢　ぼくは「決めたことが正解」って思ってる。

亜希子　決めたほうが「決まってること」なのよね。答えはいつでも自分の魂が知っているから、だんだん、パッと答えがわかるようになってくる。人の意見を聞いて回るなんてことしなくていいのよ。ますます迷うだけだから。

臨死体験で目覚めたまほ

まほ　まだ「あーす・じぷしー」もしていない、普通の専門学生だったころ、本屋でふと手に取った本が、ある女性がネイティブ・アメリカンの儀式で神秘的な体験をして人生が変わった実話だったんです。

その本を読みながら、「私もそのような突然の体験が用意されているんだ」と、感じました。自分の運命をどこかでわかっていたんです。それは自分自身のシークレットでした。

それだけではなくて、最大のシークレットは、私たち双子は小さいころから、自分の人生には自分たちの個人の人生を超えた、何かがある——と、ずっと感じていたことでした。

でもそれは誰にも、伝えたことはありませんでした。理解されるとも思っていなかったから。私たちだけの秘密だったんです。

2011年の大震災を機に、自分の生き方を、ずっと隠していた本当の人生のほうへと変えようと決意しました。

そのきっかけになった言葉が、最初の本『あーす・じぷしー』(TOブックス)の帯にもなった〝大人になってもワクワクして生きていいって言ったらどうする?〟という言葉だったんです。

それは、〝自分だけが知っている真実を生きよう〟ということでした。私たちの知っていた真実は、この世界は愛があり、奇跡があるということ。すべての人には、それぞれのもっと壮大な計画が用意されている、という確信でした。

そのあと、導かれるままペルーに旅立って、その儀式で初めて臨死体験をして、人生は本当に貴重なもので、この口も、腕も、身体も、こころも、愛を表現したり、愛に使うためにあるんだとわかりました。今まで何て無駄に人生過ごしてきたんだろうって、とっても後悔したんです。

だから、「誰がなんと言ったって、自分の真実の道を歩こう」って思ってて。『あーす・じぷしー』には書けなかったんですけど、その臨死体験のときに、実は宿題をもらっていて。光り輝くブッダに会ったんです。

そのときに不思議な光景を見せられて、それは運動場のコースみたいなものを、小さなたくさんの光の球がグルグル回っていたんです。すぐに人の魂だとわかりました。それはこの地球の、輪廻の仕組みだったんです。その光景を見て、「あぁ、この仕組みの中には、人の真の幸福はないんだな」と確信したんですよ。

そのとき、それを聞いてうれしそうに大笑いしたブッダから「幸福は今からあなたが探すのですよ」と言われて、ひょいとこの世界につまみ出されたんです。それから日本に帰って4年間は、「幸福」を探す旅でした。

編集― それは見つかりましたか？

まほ はい！ それは「愛」でしたね。恋愛のロマンスや家族愛ではない、真の愛です。

人は愛にしか真の幸福を感じないんだと、ハッキリと確信しました。楽しい・苦しい・悲しい・うれしい、という感情はすぐに変化しますよね。

生きていれば、ポジティブなこともあればネガティブなこともあるし、人生を全部ポジティブにする！というのは不可能ですよね。言ってしまえば脆《もろ》い。

もしポジティブなことが幸せで、ネガティブなことが不幸せなら、私たちの人生はジェットコースターです(笑)。だって人生どちらもあるんだから。

それこそ、私の臨死体験で見た、「運動場のコースの中、輪廻の中」なんです。

本当にそこを抜けるには、私たちが真の幸福を知る必要があって、それは愛がもたらせてくれる、とわかりました。

それは、私の人生に現れた新たな事実で(笑)、そして普遍の真理だったんです。この世界に、真の幸福をもたらす愛があった、という、この世界のシークレットですね。

◇◇◇◇ 精神的な死を経て目覚めたあっちゃん ◇◇◇◇

亜希子　私の場合、目覚めにつながったのは精神的な死の体験でした。
私はもともと分離感がすごく強かった人で、その感覚が現実世界に反映されてどういう形で表れるかというと、周りから無視されたり、ひとりぼっちになってしまったりしていました。初めて「気づきのセミナー」を受けたときにも、まさにそういう状況が起こって。良質なスピリチュアルなセミナーって、本当に必要なことしか起こらないから。
そのとき、本当に精神的な死を経験したんです。これも臨死体験ね。
それでもう立ち直れないと思ったんだけれど、翌日、なぜか彼の顔を見たとたん、結婚して15年の間につもりに積もった不満がばーっと出てきて、全部彼にぶつけたんです（笑）。

紘矢 そして言っているうちに――、カラッとすべてが晴れ渡っちゃった。

亜希子 ぜーんぶ溶けちゃった。

紘矢 なんだか知らないけど、世界が全部変わっちゃったの。すごく明るくてきれいな世界に。みんな美人に見えるし、自分も美人に見えるし（笑）、お花なんて3倍くらい美しく見えるようになって。

亜希子 あとになって考えれば、そうなるのが怖かったのね。
「目覚めたら、世界が変わってしまう」って、私だけじゃなく、みんな、どこかでわかっているんですよ。だから、私がセミナーやセッションをすすめても、勇気がある人はパッと受けるけれど、用意ができていない人は――。

紘矢 現状維持がいいんだよね。

亜希子 そう。なぜって、目覚めるときって、「エゴが死ぬとき」だから。

でも、エゴは死にたくないじゃない？　だから殺されないように、「これだけ怖いんだぞ」って、ここ（頭）を使って言ってくるんです。
でも、最初は難しいよね。1回体験すれば、「頭が言っていること」と「魂の言葉」の違いがわかるけれど、最初は誰でも、聞こえてくるのは頭の声がほぼ100パーセントだから。魂のほうは感覚としてはあっても、まだ弱くてね。

重い病を経て目覚めたこうちゃん

紘矢　ぼくは病気を通して目覚めていったと思うんです。やせ細って、息もできないぜんそくの発作にしょっちゅう襲われる状態が数年間続いた。
でも、みんなみたいに劇的な変わり方じゃなくて、徐々に変わっていったよね？

亜希子　外から見ていると、結構、急激な変わり方でしたよ。「気づきのセミナー」を1回受けただけで、言うことが全部変わっちゃって。

紘矢　ああ、「自分とは何か？」とかね。すごく本を読むようになったし、「本当に自分がやりたいことは何なんだろう?」とか、考えるようになった。ま、それまで自分の内側を見つめるということをあまりしてこなかったんだよね(笑)。

亜希子 だから、やっぱり病気が一番うまくいく方法だったのよ。体の病気も、結局、心からきているのよね。

紘矢 そうなんだよ! 特にぜんそくは心の病《やまい》って言われることがありますよね。きっとぼくが、それまで「自分以外の人生」を生きていたからだと思う。

亜希子 ハートが閉じている状態。

紘矢 自分を殺して社会に生きる。ぼくの場合は公務員として。

亜希子 特に男の人って、ハートが閉じている人が多いでしょう? 「泣いちゃいけない」とか、「えらくなくちゃいけない」とかね。

亜希子 だから、誰にとっても今、すごく大事なのが、「自分が今、何を感じているのか」というのをちゃんと感じて、表現すること。それを人とシェアすること。

紘矢 怒ること、泣くこと、喜ぶこと。

亜希子 うれしいときは「うれしい!」って言ったり、本当に感じていることを素直に表すの。

なほ・まほ　はい、自分の感情を正直に人に言うのも本当に大事だと思います。

◇◇◇◇「気づきのセミナー」で気づいたこと◇◇◇◇

編集ー　紘矢さんが受講した「気づきのセミナー」とはどういうものだったんですか？

紘　矢　80年代、場所は日本なんだけど、全部英語で行われるというので、「英語の勉強になるから」と思って受けたんです。気に入らなかったら、返金してくれるって言うし（笑）。

要は「自分に気づけ」というセミナーですよね。いろんなことをやるんですけど、たとえばふたり一組になって、相手の目をじーっと見つめてアイコンタクトをしてから、「あなたを認めます」「認めません」「言いたくありません」という3つの言葉からひとつを正直に選んで相手に伝えていくんです。それを、次々に相手を変えながら続けていくんですよ。

そんな経験をするのは初めてなので、「自分はどう行動しようか」って考えるんですよ。「ぼくは『あなたを認めません』というのは言いたくない」と思ったり、「でも、それじゃ正直に言っていないぞ」とか、そのうち、「相手が言ってくれたら、ぼくも『認めます』と言おう」とかね。

まほほ 自分を知るセミナーだ。

なほほ 結構つらいセミナーですね。

紘矢 それから3分間、相手を見つめて、相手に対して「どう感じたか」を伝えるとか。

亜希子 最初はアイコンタクトするだけでも大変なんです。私も最初やったときは、体がかゆくなるし、目を開けていられなくなるし、涙が止まらなくなっちゃうし。というのは、いろんな感覚と感情がわき上がってくるからなんです。普段の生活では無視しているもの、ありとあらゆるものが出てきて——そこが始まりですよね。

紘矢 いいセミナーだったね。最初来たときには怒りをためてイライラしてた人も、最後は顔が全然変わっていた。
ただ、社会からはすごく否定的に言われてたこともあったんだよね。

亜希子 やっぱり受けた人は生き方が変わって、言うことも変わるでしょう？ でも、周りは理解できない人も多いから、「おかしい」「何かへんなものにはまっちゃったみたい」ってなったりね。私も、彼の言うことがすっかり変わってしまったとき、「いやだ、新興宗教にはまっちゃったのかしら」って思いました(笑)。

でも今、精神世界で活躍している私たちの世代には、「気づきのセミナー」でやっと、「いったい、本当のことは何だろう」って気づき始めた人は多いんですよ。

いつ目覚めるかは神さまの時間にお任せ

日常生活の中でゆっくり目覚めていくなほ

なほ　目覚めって、１００人いれば１００通りのパターンがあると思うんです。誰ひとり、同じ人はいない。でもほとんどの人は、社会からの目覚めを最初に経験するような気がします。

社会的な振る舞いや発言、とか、見えない取り決めがたくさんあって、知らず知らず、その考えを取り込んでいるから。社会に出ていない、染まっていない若い世代の子は別として。

私はそんなにはっきりした出来事はなくて、普段の生活の中でじわじわと、たくさんの気づきが起こっていきました。

まほがペルーに旅立ったあと、私は広告代理店みたいなところでバリバリ、毎日のように深夜まで働いてたんです。でも、そんな中でも、「うわっ、こういうことか！」って、どんどん気づきがあって、まほに電話すると、まほも経験しているから、すぐにわかってくれるんです。

まほ　なほはそのころすごい仕事人間で、「自分がいないと仕事が回っていかない」って思っていたんだよね。

なほ　うん。当時、会社に産業医の方が定期的に来ていたんですね。「最近、足がむくむから相談してみよう」と思って予約したんですけど、仕事が忙しすぎてタイミングが合わず、診《み》てもらえなかったんです。

2カ月後、診てくれることになったんですけど、「もういいよー、むくみは治ったし」って。でも、まあ、行くだけ行ってみたんです。

そしたら、「あなた、今のまま行くと、うつ病になるわよ」って言われて、「えっ、私、そんな状態だったんだ」って初めて気づいたんです。その瞬間、涙がどばーっと出て、止まらなくなって。だから、その2カ月のタイミングのズレに救われました。すべて、社会や自分という思い込みの概念から目を覚ますために、必要なことが起こるんですね。

それからは夜8時くらいには帰れるようになったんですが、そしたら私がいなくても全然、仕事は回っていったんですよ！

紘矢　あはははは。思い込みだったんだ。

なほ　そうなんです。「なーんだ！　私がいなくても大丈夫なんだ」って。思い込みがはずれて、そっちの悩みが消えたら、今度は「あれ？　じゃ、私、何のために生きていくんだろう？」という根源的な問いにぶつかったんです。「この仕事をずっと続けていて、私、何になるの？　ゴールはどこ？」「そもそも私、何で生きているんだろう？」「私が本当にしたかったことはこれだっけ？」とか。

そして、根源的な問いを持つと、流れがそちらに向かうんですよね。今まで現実と思っていたものの、もっと奥に、ずっと絶え間なく流れていた流れに。

いよいよ、あーす・じぷしー結成！　でも……

亜希子　以前、一緒にやった講演会で感動したのは、なほちゃんが「まほちゃんがすごくうらやましかった」って、みんなの前で言ってくれたこと。そこはすごく大事なところだと思うの。

なほ　そう、まほが先に、本当に大切なことに気づき始めちゃったから。

まほがペルーに行ってしまってからも、私は今、話したみたいに毎日、遅くまで働いてて、大変なこともいっぱいあって。

まほがペルーから送ってくれる写真を見ても、顔がもう全然違うんですよ。で、帰国してからも「まほちゃん、変わったね」って、どこに行っても言われる。

だけど、まほは帰ってきてから、「なっちゃんも仕事やめて、一緒に旅に出ようよ」って言って、ふたりであーす・じぷしーを結成したんです。でも、私は社会からの目覚めがゆっくり始まっているときだったから、「えっ、ふたりで活動したら、私だけ普通の子だって、周りにバレちゃうじゃない！

隠さなきゃ」って、そういうのでずっとドキドキしてて（笑）。

そしたら、そのうち、まほのことが嫌いになってきて意地悪しちゃうんですよ。

まほ　ふふふ。

なほ　あーす・じぷしーを結成したあと、ふたりで「ワクワクだけで生きられるか、実験してみよう」って、６００ドルだけ持ってアメリカから旅をスタートさせたんです。

実験は大成功で、そこから最終的には7カ月間、旅したんですけど、そのうち最初の半分は、まほのことが嫌でたまらなかった。まほはふたりで旅に出たことがうれしくて、写真を見てもいつもニコニコ顔。でも、私はこーんな怖い顔で、「うわっ、オニが写ってるよーっ。写真で全部バレちゃう！」みたいな（笑）。

でも、バレるのはいやで、一緒にまほとトークライブとかもしてたんです。

そうやって資金を得ながら旅を続けていました。

◇◇◇◇ 思い込みのフィルターがはずれた瞬間 ◇◇◇◇

なほ　アメリカを旅したあと、いろいろな国を経由して「明日こそ、ペルーだ！」ってときに、大ゲンカしたんです。

あっちゃんと同じで、私もそのとき、「まほが悪い」って思ったんですよ(笑)。自分の「うらやましい」という気持ちは胸に全部隠して、「決して見せるもんかー」「これだけは言っちゃダメだー」って、ひたすら、ふたをして。

そうやって本音を隠して話してたんです。「だから、あのときさー、まあちゃんがこうでさー」とか、相手のせいにして。

でも、まほは見通せてるから、「なんか違う気がする。本当はそれで怒ってない気がする」って、ハートを開けようとするんですよ。

それでも、私が「開けてなるもんか」って、「違わないよ、そういうことで怒ってるもん！」って言い張っていると、「本当にそう？　もしかして、これじゃない？　あれじゃない？」ってちょっとずつ核心に迫ってきたんです。

それで、最後に、まほから言われたんです。ロスで一緒にお話会をしたときに、実は周りの人たちから、まほが「なほちゃんからちょっとコントロールされてるよ」だっけ？

まほ えーっと、抑圧？

なほ それそれ。「抑圧されてない？」って、言われたって。そのとき、「ああ、私が必死で隠そうとしてきたものはバレてたんだ」って思ったわけです。でも、私、本当はバレてほしかったんですよね。だから、そのまほの言葉で何かがパチンと切れて、わーって泣き出して、「まあちゃんのことがうらやましかったのーっ！」って。

紘矢 正直になった。えらーい！　あははははは。

なほ そう、本音がポローンって出たんです。

まほ でも、私もいっぱい泣いたよね。

なほ 「ごめーん、知らなかったー」ってね。ふたりでわーって2時間くらい泣いて、仮眠を取って朝起きたら、すっごい朝陽がきれいだったんです。

亜希子 ああ、同じ体験だわ。

なほ それから、「あれ？　私、まあちゃんのこのしぐさ、すごいイライラしていたのに、イライラしない」って。気がつくと、まあちゃんの小さいころを見ているような感覚になってたんです。

「あっ、自分の目から、意識から、思い込みのフィルターが取れたんだ」って思いました。それがうれしくてうれしくて。

フィルターが取れると、やっぱり感動が広がるし、強くなりますよね。「わっ、空がきれい」「わっ、花がきれい」、何を見ても「わっ!」「わっ!」て、どんどん素直になっちゃう。

それからふたりでアメリカを出発して、本当に大好きな、行きたかった目的地ペルーに着いて、そこでピカーッて、もっと深い気づきを得られたんです。

一人ひとり、目覚めのタイミングが違う

亜希子　自分がいつ目覚めるか、それは本当のことを言ってしまうと「神さまの時間」にお任せなんです。

自分の思い込みやブロックがはずれて、「問題はこれだったんだ」ってわかる瞬間、それは私の場合、「気づきのセミナー」の最中でしたけど、神さまからのギフトのようなもので、「こうすれば目覚める」っていう方法論はな

いんです。
「いつ、どういうタイミングで生まれ変わるか」、一人ひとり、みんな、違う。それは神さまを信頼していればいいだけなんです。神さまにお任せ。

紘矢 実はみんな光の存在だし、本質は言葉にできないほど素晴らしいものだから。ただ、「いいな」って感じる良質なセミナーがあったら受けたほうがいいし、「これだ！」と思う前兆が現れたら従ったほうがいいね。

亜希子 一番のヒントは結構、苦しいときにあるのよ。苦しいとき、私たちは周りばっかり、つまり平面ばかり見回して「どうしよう」って考えがちじゃない？　でも、あまりにも苦しいと、息をしようって、ひょいって頭を出してみたくなるでしょ。ちょっとでも、「今まで知らなかった景色を見てみよう」と動いてみる。そういうときにセミナーの誘いがあったり、本と出合ったり、まほちゃんみたいにペルー行きが決まったり、何かが起きてくることはよくありますよね。

紘矢 追いつめられることも必要なんだよね。苦しくて、「じゃあ、あそこに行ってみよう」ってなれるから。

まほ ただ、自分で「決める瞬間」ってありますよね。私も就職とか全部やめて、「本当の自分に戻ろう！」って自分に宣言した瞬間があったんです。その強烈な決意の瞬間から人生の流れが最初は少しずつ、それからどんどん変わっていきました。

私ね、この本を手にする人には、もう気づく瞬間が来ていると思う。そのことをどこかでわかっているから、この本を手にしたんですよ。

それは社会からの目覚めなのか、愛に気づくのか、わかりません。みんなそれぞれ道が違うから。

亜希子　そう、〝そのとき〟が来てるのよね。だから、「決める」というのも、エゴとか頭で決めるんじゃなくて、「もう決まっていることに従う」という感じ。

私が決めた瞬間を思い出しました。私は30年前にチャネリングができるようになったのだけれど、すぐにこうちゃんが病気になったりして、しばらく封印していたの。

でもあるとき再開したら、ちゃんとメッセージがきたのね。そこで、決心したの。「私はこの道を進みます。その先に何が待っているかはわからないけれど、この道を行きます」って。それが今に続いている。

まほ　「決まっていること」に頭が追いつく、その瞬間が「決める瞬間」なんですよね。

精霊に見せられた「すべては愛」という真理

紘矢 ぼくは病気を通して精霊からいろいろなことを教わったわけだけれど、一番は愛だったと思う。

病気中に、彼女のチャネリングを通して、精霊から「おまえは愛を知らない。だから、今夜、おまえに愛を教えてやろう」って言われたことがあったんです。ぼくは「うそー、ぼくが愛を知らないなんてけしからん」って（笑）。だって、知っているつもりでいたから。ところが、「うそだろう」と思って寝たら、明け方、はっきりしたヴィジョンを見せられたんです。

それはなんと、地球が愛の中に浮かんでいたんです。それがあまりにも美しくて神秘的で——「あーっ、地球はまるごと愛の中にあるんだ！」って気づいたんです。そして、「ぼくは地球にいるから、ぼくも愛の中にいるんだ」って。それはなんというか、魂でわかった瞬間でした。

見ていたのは、絵としては図鑑に載っているような、宇宙に浮かぶ青い地球なんですけど、特別な感覚、異次元に行った感覚なんです。夢よりも美しくて鮮明で、エネルギーに満ちている。

だから、ぼくは「愛はどこにあるの?」って聞かれたら、「ここにある」って答えます(笑)。

わからない人は「何言ってるの」って言うかもしれない。多くの人は愛って、恋愛とか親子愛とか、「誰か」や「何か」を愛するってことだと思うから。

愛はひとつのエネルギーで、それが自分から出ているのを感じたとき、「自分は愛を経験している」って思うかもしれないけれど、そうではなくて、すでに最初の最初からみんな、ずっと愛の中にいるんです。すべてが愛だから。

亜希子　自分も愛そのものだしね。

紘矢　自分も、人も、すべてが愛。

まほ　でも、少し前から感じていることがあって、「すべては愛」というのも意外と落とし穴ですよね。「すべては感謝」とかも。本当にその体験・体感がないのに、そのフレーズだけに共感してしまっている、そう思い込みたい人も多い気がします。

残念ながら、愛という体験は思い込みではどうにもならないんです。逆に、

〝愛ではない〟ものはなに？と聞くと、ハッキリわかったりしませんか？愛ではない行動、愛ではない発言――。「すべては愛」というフレーズにピンとこない人は、何が〝愛ではない〟のかを考えると愛が見えてきます。それを識別力といいますね。

亜希子　私も同じようなイメージを見たことがあります。静寂そのものの宇宙空間の真ん中に太陽があって、地球や惑星がその周りをずっと回っているの。それこそ一分一秒の狂いもなく、すべてが完璧。絶対的な静寂、平和の中で――。そういうときって、やっぱり異次元なんでしょうね。

紘矢　はるか遠くの高い視点から見ているんだよね、魂がどこかに飛んでいっちゃっているんだろう。そうやって「すべてが完璧だ」ってわかることも悟り、目覚めですからね。そこがわかると、とても生きるのが楽になります。どんな欠点があっても完璧、すべてよし、となるから。歯が抜けてても完璧、虫に食われたリンゴも完璧（笑）。何も心配しなくても大丈夫！

亜希子　そして、それもやっぱり、本当はみんな、もうわかっているのよね。

愛と信頼を生きる自分になる秘訣

引き寄せを呼ぶもの、阻《はば》むもの

編集ー「これをしていれば、人生うまくいく」というポイントはありますか？

紘矢　それは簡単でしょう！

亜希子　どうぞ言ってください（笑）。

紘矢　それは、自分を大切にして生きること。自分を好きになって、愛して生きる！　はい、それだけです。

編集ー　ただ、そうしたいけれど、それがなかなか難しいという人は少なくないと思うんです。「自分を愛して大切にしているつもり」でも、本当にそうかというと、実はかつての亜希子さんのように、自分でも気づかないほど深い心の奥に「自分は生きていてはいけない」「生まれてきてごめんなさい」くらいの思いを抱えている人もいるのではないでしょうか。

亜希子

そういう場合はどうすれば？

私はずっと「自分を見つめて好きになっていく」ということに取り組んできたわけですけど、その一番のコツかなって思うのは、怒りや悲しみのように、何か嫌な感情や感覚が出てきたときに、それをそのまま、「ああ、自分はまだこんなに怒りを持ってたんだな」って、ちゃんと味わってあげることなんです。

相手の言動に怒ってひどいことを言ってしまったときも、それは実は相手のせいというより、「自分の奥にあるもの」が反応して、表面に浮かび上がってきただけなんですよね。

たとえば、悪口を言われて落ち込んだとしたら、その悪口によって、単に心にため込んだ自信のなさや自己卑下《ひげ》が刺激されて、表面化しただけ。

そんなときにはね、「ああ、またこんなことをしてしまった。自分はダメだ」

って断罪しないで、「あ、まだあったのね」ってただ受け入れるの。そうしていくと、その「自分の奥にあったもの」がだんだん消えていきます。

結局、なぜつらいかと言えば、親や社会から押し付けられた「こう生きるべき」「女は／男はこうでなくちゃいけない」というのを受け入れてしまっているからでしょ？　でも、「私は」というのもあって、それが抑圧されて腐っていって、問題が出てきてしまう。すごく不安定になったり、感情的になったり。

でも、そうして出てきた感覚や感情をちゃんと感じてあげて、「それでＯＫ！」って受け入れてあげていれば消えていくの。逆にそれをやらないかぎり、なかなか難しいかな。

なほ

私は、自分を愛するとは、〝自分を誇る〟ことだと思います。人は無意識に、自分は尊い存在だと知っているから、嘘をついたり、自分を導くことを怠《なま》けていたり、ずるさや嫉妬に引き込まれたり、そんな自分は、真に愛せないはず。でも、それは当たり前のこと。

自分を愛するとは、自分のずるさや怠けなど、本来の自分ではない、身につけた〝悪習〟を愛しなさいということではないから。そして、誇りとは、いい肩書きを持つことや、たくさん収入を得ること、有名になることで得られるものではなく、自分の尊さを知り、常に自分に正直でいて、自分の道を歩くこと。
そして、すべての人が、自分を誇れる生き方ができます。

まずは感情のデトックスから始めよう

亜希子 感情を抑圧している場合は、そこで病気になる人もいますよね。感情を味わえるようになる手段、プロセスとして。
それから、「ワクワクって何だっけ？　自分はなんか忘れちゃってるなぁ」って人は、結構、怒りとかが入り口になる場合も多いんですよ。

まほ ああ、それはわかります。

亜希子 だって、私たち、怒りを本当にため込んでいるもの。自分を抑えるように教育されてきたし。「夫にこう言われた」「親にこうされた」という思いがあったりして。

まほ 特に女性は多いですよね。

亜希子　それで何かあると落ち込んだり、相手を責めたりするんだけど、そのときに「私は怒りっぽくてダメだわ」って反省しちゃダメなのよね（笑）。

特に40代、50代の人は、ときめきよりも先に、自分の怒りや悲しみに触れたほうが早いかもしれない。そうしたネガティブな感情を出してあげてからのほうが、ワクワクがどんどん湧いてくるんじゃないかな。

なほ　自分が何を感じているか――、は自分を知ることにつながりますよね。

紘矢　そう言えば、「気づきのセミナー」でも、先生がどんどん怒らせるようなポイントをついてくるね。触れられたくないようなところをわざと。

亜希子　怒りってひとつの大きなパワーで、変容の起爆剤になるから。

紘矢　しまいには床とかあちこち叩いて暴力として放出させて、奥深くにためていた親に対する怒りから机を壊した人もいた（笑）。

亜希子　そこの怒りが一番大事なポイントだったから。ネガティブな感情は安全な環境で出してあげると、本当にすっきりして癒されるものなんです。

ワクワクの本当の意味

まほ　私たちはワクワクが人生を開くきっかけとなって、人にも伝えてきましたが、実は私たちのワクワクって、最近になって特殊だとわかったんです。私たちのワクワクはときめきや喜びではなく「招待」のようなものです。自分を超えた大きな計画からの招待。実は感情とは無関係で、楽しいとかうれしいとか、そういうことではないんですよ。ワクワクがときめきの人もいます。ワクワクの語源が「感情が湧く」という意味の「湧く湧く」のように、水が湧くように、自分の中から自然に湧き上がってくるものという人もいます。

なほ　うんうん。「ワクワク」とは本当に人それぞれの感覚だよね。誰かのワクワクと比べられるものではないんです。たとえば、遊園地で子どものようにはしゃぐ！とか、豪華なホテルに泊まるとか、思いっきり贅沢をするとか、ヒッチハイクで冒険旅行へ出かけるとか。

でも、それは自分にとってのワクワクではないことがほとんどです。「ワクワク」とは、自分の感覚を知り、自分の内的なサインを信じることです。そして、自分は何の感覚がセンサーになっているかを知ることも、とても大切です。

たとえば、私たちは前のめりな感覚は、「違う」というサインなんです。でも前のめりな感覚こそ「合っている」というサインの人もいます。

感情がサインになっている人もいるし、直感がサインになっている人もいる。自分にとって、どの感覚に信頼が置けて、どの感覚が違うサインなのか、じっくり観察して、自分を知る必要があります。

まほ　「私のワクワクって何ですか？」って聞いた方に、「今、あなたの一番の湧くは怒ることですよ」って答えたことがあります。心の奥底にためにためた怒りが出たがっている、そういう方は実はとても多いんですよ。

なので一回、人目のないところで思いっきり泣いたり、叫んだり、怒ったりするといいんです。そうすると、本当に光明がさします。「ああ、スッキリした！　あれは何だったんだろう？　ま、いっか。」って（笑）そして、したいことが思いついたり、ワクワクしてきたり。

亜希子　ああ、本当にそう。私が「気づきのセミナー」で経験したのも、そんな感じで、世界が数倍明るくなって。
感情はエネルギーだから、自分に不必要なエネルギーを出してしまえば、その奥にあるワクワク感が自然に出てくる。

なほ　泣くのも、とても大切ね。涙は止めちゃダメ。あるものは出していかないと。人って、案外、人生を思いきり生きてないものだから、思いきり泣いたり笑ったり、思いきり何かすると突破口になりますよね。

まほ　私は、旅のあと、「本音を伝える」がテーマだったんです。パートナーだったり母親だったり、「大切な人に、この感情を伝えたい」、言葉を変えると「この人とちゃんとやり合いたい」という欲求があって、本音を伝えることをしていました。
でも今は、「本音を伝える」から、「真実を話す」という感覚に変わってきました。自分の何が真実なのかハッキリしたから。本当のことしか話さなくなってきて、〝本音〟とわざわざ言わなくなりました。

亜希子　書くのもいいんですよ。私は母には何も言っていないけれど、洗いざらい全部書いたら、それだけですごくスッキリしちゃった。

紘矢　言わなかったのは、相手は絶対、理解できなくて、結果的にお互いが傷つくことになるだけだってわかっているから。
しこりが残っちゃうよね。

亜希子　でもね、こちらがスッキリきれいになっちゃうと、不思議と相手も変わるんですよ。少なくともふたりの関係が全然変わっちゃうから。
大事なのは、「本音を知ること」なんです。人の怒りや悲しみの本音って、実はすごくかわいい理由なんですよ。お母さんに対してなら「もっと愛されたかった」、ダンナさんになら「寂しい」「もっと一緒にいたかった」「約束したような関係でいたかった」とか。

まほ　最後に伝える本音は直接、伝えられたらとてもいいと思うんです。それは愛だし、大きな癒しや変化があるから。
もしも、なほがセドナで我慢して私に本音を言わなかったら、あんなふうには開かなかったし、あっちゃんもこうちゃんに本音を洗いざらい伝えたのをきっかけに目覚めが起きたでしょう？
本音は、「本当の音」と書きますよね。本音を口にしたときって、絶対自然なことしか起こらないんです。自分が出した音が宇宙から返ってくるから。

ハートを開いて素直になる

人間関係がうまくいくようになるコツ

亜希子　あと、ひとつの問題は、これまでやっぱり私は「相手を変えよう」としていたんだと思う。こういうことはやめてくれたらいいのに、こうなってくれたらいいのにって。

でも、人間関係はやっぱり全部、自分自身の問題なんですよ。たとえば、夫との関係がどんなに悪くなったとしても、私の問題は私の問題、彼の問題は彼の問題。それぞれが自分の問題を解決しないかぎり、うまくいかない。

紘矢　でも、普通は相手に問題があると思っているよね。特にパートナーとの関係は、実は親との関係が反映されているから、まずは自分の親との関係を見つめるのがいいだろうね。

亜希子　そうね、親ね。

まほ　なっちゃんがセミナーでみんなによくする、いい質問があるんです。「両親には素直になれていますか？」「お子さんには？」、それから「自分のやりたいことには素直ですか？」って。あらためて聞かれると、ハッとする人って多いんです。

「素直ではないとき」って、自分でわかるんです。どこかハートを閉じていて、違和感がある。そこにヒントがあるんですよ。「じゃあ、何で開けないんだろう？　素直じゃないんだろう？　私は何をかたくなになっているのかな？」って見つめていくんです。

編集ー　ただ、支配的だったり虐待したりする親にかたくなになるのは自然だし、関わらないほうがいい関係もあるのでは？

亜希子　親の魂の年齢のほうが幼い場合もありますからね。

まほ　ありますね。対話ができない親もいます。

なほ　「素直になる」というのは、「自分が感じたことを素直に知る、認める」ということなんです。誰かに素直になるんじゃない。〝自分〟に素直になることなんです。

自分の素直な気持ちや願いを知ると、自然なことが起こってきます。

「自分を好きになれない自分」を受け入れる

紘矢　親子、特に母と娘の問題は、そのお母さんとそのまたお母さんの間の問題を引き継いでいることも多いんですよね。できれば、自分のところで連鎖を断ち切らないとね。

なほ　そうですね。「素直になる」は、みんなが一番苦手なことだと思います。「うらやましい」や「寂しい」や嫉妬、妬《ねた》み、恨み、怒り、劣等感、優越感とか、直視したくない自分の感情と出合うことになるから。

できれば、そこを飛ばして手っ取り早く問題を解決する方法を知りたいと思っている人も多いはず――。

だけど、これが一番の幸せへの近道なんです。自分の感情を素直に全部認めると、本当に世界が開けてきます。これは自分の心を純粋にするための、自分ができる努力です。

まほ 下手したら自分の心のかたくなさやいじっぱりで、一生を終えてしまう人もいるよね。でも死んだあとに気づくはず。全部自分と神さまの間で起こっていたことだったって。

亜希子 要は自分なのね。自分が素直に開かれれば、相手にも自然と伝わるから、関係性は絶対よくなりますね。

亜希子 本当に今、自分を受け入れられない、好きになれないって人が多いですね。そのためにすごく無理して頑張っちゃったり、昔、毎月100時間残業してた私みたいに、逆に投げやりに、自堕落《じだらく》になっちゃったり。

だから、今、一人ひとりが自分に「自分のこと、好きですか？　愛していますか？」って聞いてほしいと思います。そこで答えが「愛しています」だったら、「オッケー！」って言って出発すればいいし。

「嫌い」ってことだったら、まずそれを受け入れる。「自分が嫌いでもいいやー」って。ここでも、「受け入れの法則」がポイントね。

自分が嫌いな自分を受け入れてあげると、そこから少しずつ自分を好きになっていく道が開いていくのよ。最初は2割くらいかもしれないけれど。あとね、「100パーセント好き」にならなくていいの。51パーセントでいい。「なーんだ、半分以上、好きになればいいんだ」って思うと、ずっと気持ちが楽になるでしょ。

人からの言葉を気にしているときって、結局、自分のことを好きじゃないのよね。自分のことが好きなときは、人から何を言われたって気にならないもの。

紘矢　そうだね。気にならない。

亜希子　それに不思議と、人から悪いことを言われなくなる。言われたとしても平気。それが、自分を好きになれたサインね。

だから、もしも今、「人からちょっと言われても落ち込んでいる人は、自分をよく見てみてね」ってことかな。

自己肯定感を高める方法

亜希子　鏡を見ながら、「自分を愛しています」って声に出して言うのも、効果があるわね。

まほ　自分で自分を抱きしめたり、抱きしめながら両手でさすったりして言うのも効きます！

なほ　私も、会社員のときは、何か物質的な価値、たとえば肩書きとか、名誉とか、努力して何かの賞をもらうとか。それを持っていないと自分のことを認めてはいけない、認められないと思っていて、自己肯定感がすごく低かったんです。

自分を好きじゃなさすぎて、名前を言うのも恥ずかしかったんです。そのことにある日、気づいて。自分のフルネームで呼ばれたら、自分を愛せるようになると思ったんです。

女子会の最中に「自分を愛せるようになる、いい方法があるんだよ」って話になったんです。

「まずね、どんなふうに呼ばれたい？」って聞かれて、普段は「なほ」とか「なっちゃん」って呼ばれているけど、そのときは「フルネームで呼ばれたい」って答えたんです。フルネームで呼びながら、自分を抱きしめて、「愛しているよー」って声に出して言うんです。

最初は心に響かなかったんですけど、2、3日したら、涙が溢れてくるようになって、初めて気づいたんです。私が一番認められたい相手は、自分自身だったんだって。

そのとき、自分が自分のすごい味方になったと思いました。

亜希子 自分が自分のベストフレンドにね。

なほ そうなんです！　それから仕事や大事なプレゼンの前に、こっそり自分の名前を呼んで「大丈夫、大丈夫」って声をかけてあげたり、終わったら「よく頑張った！」ってほめたり。

でも、気づいたらそれもいつのまにか卒業して、やらなくなっていたんです。自分のことを自然と認められるようになっていたんです。

シンプルなワークですけど、やってみると、絶対、何か気づきがあると思います！

亜希子 鏡を見ながら言うのも、3日目くらいから変わってくるわね。

まほ お布団の中で、寝る前にやってもいいしね。

紘矢 「こうちゃん、よく頑張っているねー」とかさ（笑）。

亜希子 アファメーションっていうのは、何に対しても効果が大きいのよ。

亜希子　「自分を好きになる」って、魂をよみがえらせること。そして、自分をまるごと受け入れれば、自然に深いところから自信が出てくる。

政治家の人たちは自信満々に見えるけど、劣等感や「自分を好きじゃないこと」の裏返しで、「自分はこんなに地位があってえらいから」「認められているから」って、外側にいろんな条件をくっつけたうえでの〝にせ自信〟なの。

もちろん、怠けて文句ばかり言っている人は、頑張らないといけない（笑）。でも、すごく頑張って生きてきているのに、なんかうまくいかない人、苦しい人はいったん、ふーって力を抜いてね、ありのままの自分を受け入れて、好きになるところに立ち返らないとね。


まほ　自信がなくなるのもわかるな。今の世の中の流れにただ流されていくと、自分への自信を失くすと思う。

ズルしたほうが得したり儲けたりする世の中だし、会社もほぼ自社の利益追求のために運営されているこの時代に、本当の誇りを選ぶのは難しい。

実はどんなに得しようと、自分が誇りを持てないことを自分の人生で選択するっていうのは、本当に大切なものを失っていく、大損の考え方。

逆に、誰かにほめられたり評価されなくても、損得関係なく誰かのために動けたこととか、誠実にやった行いとか振る舞いとか、そういうのって全部本当の滋養《じよう》になる。自信になる。インドではこういうことをダルマっていうんだけれど、私はその考え方が好き。真理だよね。

特に私たちの世代や若い世代で自分に自信がない子がいたら、自分に誇れることをして、って言う。自分に誇れることって、自分が一番知ってるから。たとえば人を助けたり、誰かの力になったり、人の良いところや希望を見ることができたり……。あなたは自分の誇りを知っているよって。

亜希子　今、私たちもいろいろ話しているし、そのほかにもみんな、いろんな言葉に出合うでしょう。でも、どんな言葉であっても、すぐにピンとこなくても大丈夫なの。そのときがくれば、しっかりハートに響いて、全身がふるえたり、涙が止まらなくなったりしてわかるから。

紘矢　自分の好きなこと、やりたいことを自由に素直にやっていたら、気づきをもたらす出会いがやってきます。

その時間ももう決まっているから、そのまま安心していればいいんですよ。

〝ワクワク〟は目覚めるための効果的なツール

「大人になってもワクワクして生きていい」って言われたら？

編集ー　今でこそ、「自分の人生に目覚め、ワクワクして生きよう」って、みなさんに伝える活動をしているあーす・じぷしーにも、「そうなる前」があったんですよね。

なほ　はい。私は、「ワクワク」という感覚を使って、自分の内側にやってくるサインを信じる練習をしていたんだと思います。
会社員時代、社会になじもうとして、すごく頑張ってて。すると、もともといたすべてがつながっている暖かく幸せな世界や、自分の内側にある智慧やパワーのことをどんどん忘れていっちゃうんですよ。

で、「何か楽しくない」「何かが足りない」って違和感が出てきました。それを埋めるために、ますます仕事を頑張ったり、お金を稼いだり、ありとあらゆることをして、「幸福感」を手にしようとするんですよね。

幸せの感覚を求めて自己啓発本をたくさん読んだり、異業種交流会によく出かけて友達を一生懸命つくったりしてました。でも、一向に埋まらないんです。「私ってすごい!」って思ったかと思うと、何かあると「でも自信ない」と思う。その間をずっと行ったり来たりしてました。

なほ 住んでいたのは福岡でも田舎のほうだったんですけど、仕事帰りに寄るのが日課になってた本屋さんの広ーい駐車場で、「ああ、星空がきれいだなあ。今日は本を買う気力もないなあ」って思ってたときに、まほから電話がかかってきたんです。
そのころ、まほは東京で学生をしてたんですよ。で、電話を取ったら、すごい声がふるえてて。「まあちゃん、どうしたの?」って聞いたら、「なっちゃん、あのね。最近、ワクワクしてる?」って言われたんです。

まほ　私はそのとき、東京で専門学校に入り直して夢を追いかけていたんですけど、3・11の震災を体験して「このままじゃ、ダメだ」って思ったんです。「本当の自分を生きよう。でも、本当の自分って何だろう？」って。肩書や職業じゃない、「本当の自分」を知りたくて、就職も取りやめました。
でも葛藤していて、ある日、駅ですごい頭痛におそわれて立てなくなっちゃったんです。そのとき、たまたま「ワクワク」というキーワードに出合って、「これだー！」って。そのとたん頭痛が消えて、一気になっちゃんとの小さいころの毎日の感覚、ワクワクして安心・安全の中で自由だった感覚を思い出したんです。それで、なほに電話して――。

なほ　私もそれだけで、昔、ずっと幸せの中にいた感覚を思い出したんです。自分がずっと探してたものは、そこにヒントがあったんだって。

私もふるえが止まらなくなっちゃって。「ううん、ワクワクしてない」って言ったら、まあちゃんが「大人になってもワクワクしていいって言ったら、どうする？」って。

それまで、社会に出ても、自分の知っている幸せな世界は続いていると思っていたのに、続いていなくて、「自分とは違うもの」になろうとしたり、本当の幸せを違うもので探してて。それでもう一度思い出そうと、3日後くらいに退職届を提出したんです。

紘矢　すごーい（拍手）。

なほ　それで上京して、まほと一緒に暮らし始めました。私は広告代理店に就職、まほは相変わらず学生でして。

まほ　そこでもなほはつい頑張りすぎちゃって、お医者さんから「このままいくと、うつ病になりますよ」って言われたんだよね。

なほ　そうそう。でも、それで改めて、「私が本当にしたいことは何だったんだろう？」って本質的な問いにぶつかることができたんです。

まほ　あのとき、私はペルーから帰ってきたところで、なほに「すぐに会社辞めて、ふたりで一緒に仕事しようよ」って言っていたんです。でも、なほは「そうしたいけど、そんなことできないよ」って。私は「そうしたいのに、〝できない〟？　そんなの、辞めればいいじゃん。来月、辞めておいでよ」とか言って（笑）。

なほ　だって、私の給料で食べてたんですよ（笑）。

紘矢　あはははー。「私が辞めたら、あなたも困るでしょ」って。

まほ　そう（笑）。でも、私は「絶対、ふたりでやればうまくいく」って思ってたから、「大丈夫だよ。辞めたら、新しいものがやってくるのに決まってるよ」って。

紘矢　そう、辞めなきゃ、新しいものは入ってこないからね。

まほ　「辞めてどうするの？　お金はどこから入ってくるの？」「いや、入るよ！」「入らないじゃん！　仕事辞めちゃうんだから」って、ずっと堂々巡り。

紘矢　頭で考えているから、わからないんだね。
本当はやりたい仕事じゃないのに、続けてしまうとしたら、それは「安心がないから」なんだよね。「辞めたら、大変なことになっちゃう」って。でもね、神さまは絶対、そんなことはしない。
そう言うと、「それは山川さんだから」とか「私にはできない」「自分には才能がないから無理」とか言う人がいるんだけど、そんなことない。みんな、うまく生きていけるようになっているんだよ。

ベストタイミングで決断する方法

亜希子　それで結局、なほちゃんはどうしたの？

まほ　私は5月にペルーから帰ってきたんですけど、紙に5月から12月まで書き出して、「さあ、いつ辞めたい?」って突き付けたんです。出てきた答えは「1年後」。「そんな待てるかー!」って(笑)。

それで1カ月前倒ししたところを指さして「ここはどう?」「うーん、何とかいけると思う」、また1カ月ずらして「ここは?」「そこも何とか」——って、徐々に短くしていったんですよ。そうして12月でピタッと止まったんです。

なほ　「ここがMAXかなぁ」って。

まほ　そこで私、ぽーんって2カ月飛ばして10月を指して「ここだよ! ここで辞めて。本当は自分で制限かけてるだけで、本当はそんなもの、ないんだよ」って。

なほ　その翌日から面白いことが起きてきたんですよ。もう心は「あーす・じぷしー結成」に行っているけれど、体だけまだ会社に行っている状態になったら、あり得ないミスが立て続けに起きてきたんです。それも私のせいじゃないんです。

たとえば、私が担当していた印刷物を、運送業者が荷台に積み忘れて、どうしてもその日時に届かないといけないのに届かなかったんです。それは1年越しのプロジェクトの最終段階だったので、ものすごく社内で責められて、東京から仙台まで行かされて真夜中にひとりで荷物チェックして——、さすがに「私、何やっているんだろう」って滅入りました。
その直後に、今度は信じられないパワハラを目《ま》の当たりにして、「ああ、もうここにはあと一瞬もいられない」と思って。
結果的に、辞めるしかない状況になっていったんです。そして、9月に辞めたんです！

まほ　最初に「これ以上無理」って言ってた10月より早まったんだよね！　でも最後はトラブルだらけだったね（笑）。

なほ　そう。最後の最後、退職日にまた業者さんのミスがあって、一緒に反省文書いたんですよ。で、退職届と一緒に提出（笑）。

紘矢　あははは。みんな、神さまが計画したんだと思う。

まほ　なほは前に言ってたんです。「気がすむまで、ここでやり切りたいんだ」って。そんなふうになって、言葉どおり、気がすんだわけなんです（笑）。「最初から、正直な気持ちに従えばよかった～」みたいな。

紘　矢　責任感ではなく、自分の心にね。

亜希子　それも大切なレッスンだったのよ。

なほ　はい。心の底から本当に「やり切った。あのシステムはもういい、これからは違う、内側のサインに従うシステムでやろう」って、100パーセント方向転換できたんです。

紘　矢　ぼくも公務員が居心地よくて辞められなかったから、病気になったんだと思うな（笑）。悪化して続けられなくなったおかげで、キッパリ辞められた。

精霊からのメッセージ

亜希子　私は何回も仕事を変えているんだけど、最後に勤めたのは翻訳の仕事をしながらアルバイトしていた広告会社なの。それがね、やっぱり1年くらいかかる、すごく大きなプロジェクトのトップにアサイン（任命）されて、「クライアントもあなたの経歴を知ってて信頼してるから」って。
でも、そのとき、心の中ではっきりと「自分にはできない」ってわかってたんです。「もう、こんな健康に悪いものを売るようなプロジェクトは嫌だ」

って。

その一方で欲もあるわけね。やっぱり現世的な世界で「あの人はできる」って思われたいというのがあった。

なほ　私もありました。称賛、称号がほしかった(笑)。

亜希子　ね(笑)。でも、そのころ、もう私は精霊からメッセージを受け取る自動書記をしていて、精霊からも「あのプロジェクトはやってはいけません」って出てきたの。「あなたがやってもうまくいきませんよ。やめなさい」って。「だけど、もう決まっちゃってるのに。どうしよう」って悩みながら、とにかく会社の担当者に電話したんです。「私、プロジェクトを引き受けちゃったんですけど」って切り出したものの、何て言葉を続けたらいいかわからない(笑)。

なほ　ですよねぇ(笑)。

亜希子　なぜか口から、「実は私、神さまからメッセージを受け取っていて、『このプロジェクトはやっちゃいけない』って言われたんです」って正直に出てきちゃったの!　何て言われるかと思ったら、それがね、「わかるよ。ぼくのおばさんもそういう人だから」って!

まほ　えーっ、じゃ、正直に話してよかったんだー！

亜希子　「でもね、それを人に言ったら、ぼくもきみも頭がおかしいって思われるから、どう言おうか」って。それでもう30年近く前の話で時効だと思うから言っちゃうけど、「じゃあ、私が病気になって1カ月入院することになったからって言って」って。それで、決別できたんです。

紘矢　それからしばらくして会社にお給料を受け取りに行ったら、みんなが「病気で大変でしたねえ」って（笑）。

◇◇◇◇ ワクワクには3つある！ ◇◇◇◇

まほ　実は、ワクワクには3つあるんですよ。まず、頭のワクワク。これは、にせワクワク。脳が喜ぶこと。

なほ　結構あるのが、お金とか名誉、評価、情欲。

まほ　あと、競馬やパチンコといったギャンブル系。あのフィーバーする感じが、〝頭のワクワク〟の特徴なんです。実際、快感や興奮の脳内ホルモンが分泌されるそうですよね。

2つめは、ときめきや心地よさ。恋もそうです。まずはときめくものを人生でたくさんつかんでいって、ハートを柔らかくしていく。3つめが魂のワクワクなんです。これはすごいふるえがくるほどのワクワク。

亜希子　ああ、そうね、私はシャーリーの本を読んだときは、本当に全身、ふるえましたよ。――魂が呼び覚まされた、動き始めたって感じだった。「これは私が知りたかったことだ」とか、「これは私が全部知っていたことだ」と思って。

紘矢　魂の発見だね。それが大事。

まほ　ときめきや、心地よさは、ハートを柔らかくして、魂のワクワクを受け取りやすくする。だけど、頭のワクワクは、ハートにも魂にもつながらないんです。ずっと頭の中をぐるぐる回っちゃう。

だから、男性で若い女の子を追っかけ回す人は、自分で気づかないかぎり、ずっと追いかけ回すんです。チンジャラジャラの脳内フィーバー状態、エキサイトする感覚のサイクルから抜けられない。

まほ　魂のワクワクは、実は探しても来ないんですよね。本当に「ドキン」っていう出合いだから。

亜希子　神さまからのプレゼントだからね。

編集ー　みんな、それを引き寄せたいんじゃないでしょうか。

なほ　だけど、これは愛や神との出会いにつながっているので、すごく抵抗する人もいるはずです。小さな自己を捨て、エゴを捨て、愛や神という未知へ飛び込むことになるから。方法があるとしたら、ひとつは、普段から正直でいること。自分の内なる声や、純粋な動機や気持ち、感覚に耳をすまして、思いと言動と行動を一致させること。

まほ　あと、結局、魂のワクワクって、自分が受け取るしかない。でも、頭のワクワクばっかりやっていると、その受け取るセンサーが退化してしまうんですよ。

なほ　頭で考えていることは、打算的、損得勘定、優劣のあるジャッジメントです。だから、純粋ではない思いに気がついたらやめる。ということも大切ですね。

亜希子　感覚、感情を生き生きさせないといけない。「あの雑誌に載っていたから、この服を買おう、着よう」とかはダメね（笑）。

まほ　最初はなかなか、頭のワクワクから離れられないんだけどね。練習してると、だんだん何が純粋な動機や気持ちなのかがわかってきます。ハートが機能してくる。純粋なもの、不純なものがわかってくる。

「ワクワク」が効果的なのは、頭で考えること（マインド）が強いときや、社会の集団意識の中にいるとき、そこから抜けるのにとても効果的なんです。

そこから抜けたのなら、「ワクワク」の次に行かなければいけない。

それは、自己を捨て、愛に気づき、神を知ること。そして、その先もある。

その先は、まだ私は体験していないから語れませんが。そして、それらは、自己にとっては未知の領域です。

ほなみ

私たち一人ひとりには、自分だけの利益を超えた人生があります。自然と誰かを助けたいと思うようになります。自分はこの世界の一員であり、この世界で〝自分という生〟を授かったことは大変貴重なんだと知り、自分の役割を発揮することこそ、この世界の一員としてできることだとわかります。それは、傲慢さではなく、とても、謙虚な気持ちから生まれます。

あーす・じぷしー
naho

おわりに

この本を手に取った方たちは、自分の生きる意味について、今までたくさん考えてきた人、または最近考え始めた人もいると思います。それは、とても素晴らしいことです。自分の生きる意味を知りたいという欲求は、今までの徳がないと持つことができない尊い欲求だから。

だけど、今まで、自分を満足させるだけや、心地よさで歩みが止まっている人、スピリチュアルな知識を頭に溜め込み、実践や体験のない人がたくさんいるように思います。

この世界が平和になり、自分自身がこの世界を照らす光となるまで、学びは永遠に続きます。歩き続けなければいけません。

今、私たちの目の前には、つかの間の喜びや、感覚的な心地よさを超え、永遠である自分に気づき、愛に気づき、神を知り自分を知り、輝かせる道が、開かれ広がっています。それは、私たち一人ひとりが、待ち望んだ人生です。

肉体は老いて、いつか無くなります。お金や地位や名誉も一時のものです。パートナーの機嫌の良さも一時的なものです。感情も、最高に幸せな気分が、嫌なこと一つで、悲しみのどん底に落ちます。与えられたり、増えたりすれば大喜びして、失くせば落胆することの繰り返しが人生ではありません。人生とは、こんな表面的で浅いものではないですよね。

今、たくさんの人が、自分だと思っている肉体を超えたところに、不動な、永遠である自分がいることに気づいています。それは、善い願いを持ち、喜びの発信源であり、誰かを助けたいと思う慈悲にあふれた自分です。本来の自分はお金が増えたり、SNSでの人気が上がったり、誰かの機嫌がよくなったり、そんなことで、幸せにはならない。そう、気づき始めているのです。

私たちは、生まれてから死ぬまでの儚《はかな》い存在ではありません。私たち一人ひとりには、変わりゆく人生の奥に、絶え間なく流れる真の運命の道があります。

それは、真の幸せがあり、真にするべきことがある道です。

「いくつもの言語があるが、ハートの言語はひとつ。色々な名前で神は呼ばれるが、神はひとつ」

これは、インドの聖者の言葉で、私の大好きな真理の言葉です。不動なあなたは永遠です。なぜなら、明日、あなたという輝きが消え、明後日、また輝き出すといったことはないからです。あなたという輝きは、永遠に輝き続けています。歩き続けましょう。その自分と出会うまで。自分の輝きで誰かを助けるまで。世界の問題は自分の問題だと思えるまで。あなたが真に幸せな世界で生きるまで。

2019年4月

おわりに

山川亜希子

私は35年前に「地球を愛と平和の世界にするのが私の人生の目的だ」と知りました。

それ以来、夫と二人三脚でそのために学び、翻訳をし、本を書き、講演会を行ってきました。そして今、まだ世界全体の平和は実現したとは言えなくても、35年前と較べると愛と平和に生きる人達が増えています。

4年ほど前、私達は若い双子の姉妹、あーす・じぷしーに出会いました。40歳以上も年齢が離れているのに、私達はすぐに親友になりました。愛と平和の世界を創るのだという同じ思いを持っていたからです。

そして、4人で一冊の本を作りました。『受け入れの法則』(リンダパブリッシャーズ)です。この本はとても好評だったのですが、出版社の都合で増刷できずにすぐに廃版になってしまいました。

そこで、私達はこの本を何とか再出版したいと願っていました。すると、PHP研究所の沼口さんが「改訂版を出しましょう」と提案してくださいました。

ところが改訂版の出版を準備し始めた時には、私達の思いは以前よりもずっと発展していました。特に、若いあーす・じぷしーは、愛と平和の世界を自分たちが生きている間に創りたい、そのためには自分自身やすべてに〝Ｙｅｓ〟と言う決意が大切だ、と言う強い思いを持ち始めていました。そしてその思いをこの本で伝えなければと、熱心に本作りに取り組んでくれました。

あーす・じぷしーの二人を見ていると、35年前、『アウト・オン・ア・リム』を出版したころの自分達を思い出します。私達も当時、「愛と平和の世界を西暦２０００年までに実現しよう」という熱い思いに動かされていたからです。

それから35年たった今、平和な世界を実現しよう、新しい世界を創りたいという強い思いを持つ若者達があちこちに生まれています。そしてその数もどんどん増えているように思います。新しい社会を創るために実際に動き始めている人達も大勢います。

２０１９年から20年にかけて、大きな変化が訪れるだろう、と言われています。若い人たちの動きこそがその鍵なのでしょう。そして、日本の元号が変わるのも、一つの符号かもしれません。

最後に、『受け入れの法則』と『〝ＹＥＳ〟新・受け入れの法則』の編集を担当してくださった鈴木（磯崎）ひとみさん、そして、私達の思いを受け止めて素晴らしい本に仕上げてくださったＰＨＰ研究所の沼口裕美さんに、心からの感謝をささげます。

２０１９年４月

装丁　坂川朱音（朱猫堂）
本文デザイン　坂川朱音＋田中斐子（朱猫堂）
イラスト　あーす・じぷしー maho
編集協力　鈴木（磯崎）ひとみ

山川紘矢（やまかわ・こうや）

作家、翻訳家。1941年、静岡県生まれ。東京大学法学部卒業後、大蔵省（現・財務省）に入省し、マレーシア、アメリカなど海外勤務を重ねる。1987年、退官して翻訳家に。亜希子夫人と共にスピリチュアル本の翻訳に携わる。『聖なる知恵の言葉』『前世療法』『なまけ者のさとり方』（以上、ＰＨＰ文庫）、『アルケミスト』（角川文庫）、『ザ・シークレット』（ＫＡＤＯＫＡＷＡ）など多くのスピリチュアル本の翻訳のほか、講演会なども積極的に行なっている。『輪廻転生を信じると人生が変わる』（角川文庫）など著書も多数。

山川亜希子（やまかわ・あきこ）

作家、翻訳家。1943年、東京都生まれ。東京大学経済学部卒業後、外資系企業に勤務。1986年に出版されたシャーリー・マクレーン著『アウト・オン・ア・リム』（地湧社）の夫婦での翻訳を機に、翻訳家の道へ。『自分に目覚めるスピリチュアル旅へ』（ＰＨＰ研究所）、『宇宙で唯一の自分を大切にする方法』（角川文庫）、紘矢氏との共著に『精霊の囁《ささや》き』（ＰＨＰ研究所）、『受け入れの極意』（興陽館）、『すべては魂の約束』（ＢＡＢジャパン）など。

あーす・じぷしー naho&maho

1987年４月24日、大分県生まれ。双子の姉妹の naho と maho。2013 年、「あーす・じぷしー」を結成。２人で600ドルとアメリカまでの片道切符だけを持ち、南米ペルーを目指す旅に219日間出る。帰国後は講演会、原稿の執筆、絵画の制作で伝えている。著書は『EARTH GYPSY－はじまりの物語－』（ＴＯブックス）、『ミラクル－奇跡の毎日が始まる－』（ＫＡＤＯＫＡＷＡ）。2019年、15〜23歳に向けた、同じ思いの仲間達が繋がれるプロジェクトを開始。愛と奇跡を信じる世界中の仲間達に呼びかけている。

連絡先：earthgypsy.project@gmail.com

“YES”新・受け入れの法則

2019年6月11日　第1版第1刷発行

著　者　山川紘矢・山川亜希子
あーす・じぷしー naho&maho
発行者　後藤淳一
発行所　株式会社PHP研究所
東京本部 〒135-8137　江東区豊洲5-6-52
第四制作部人生教養課　☎03-3520-9614（編集）
普及部　☎03-3520-9630（販売）
京都本部 〒601-8411 京都市南区西九条北ノ内町11
PHP INTERFACE　https://www.php.co.jp/
組　版　株式会社PHPエディターズ・グループ
印刷所
製本所　図書印刷株式会社

ISBN978-4-569-84305-6